湖北省教育科学"十二五"规划课题(编号:2014b019)
中国地质大学(武汉)研究生教育教学改革研究项目(编号:CUGYCXP0805、YJG2017225 和 YJG2021217)
江西师范大学博士科研启动金(编号:12022472)

普通高校提高体育专业硕士研究生培养质量的理论与实践研究

PUTONG GAOXIAO TIGAO TIYU ZHUANYE SHUOSHI YANJIUSHENG
PEIYANG ZHILIANG DE LILUN YU SHIJIAN YANJIU

游茂林　冯岩　著

中国地质大学出版社
ZHONGGUO DIZHI DAXUE CHUBANSHE

图书在版编目(CIP)数据

普通高校提高体育专业硕士研究生培养质量的理论与实践研究/游茂林,冯岩著.—武汉:中国地质大学出版社,2024.6.—ISBN 978-7-5625-5836-1

Ⅰ.G807.4

中国国家版本馆 CIP 数据核字第 2024KR3766 号

普通高校提高体育专业硕士研究生
培养质量的理论与实践研究

游茂林　冯　岩　著

| 责任编辑:韦有福 | 选题策划:韦有福　张　健 | 责任校对:何澍语 |

出版发行:中国地质大学出版社(武汉市洪山区鲁磨路388号)　　邮编:430074
电　　话:(027)67883511　　传　　真:(027)67883580　　E-mail:cbb@cug.edu.cn
经　　销:全国新华书店　　　　　　　　　　　　　　　　　　http://cugp.cug.edu.cn
开本:787毫米×960毫米　1/16　　　　　字数:144千字　　　印张:7.5
版次:2024年6月第1版　　　　　　　　印次:2024年6月第1次印刷
印刷:武汉邮科印务有限公司
ISBN 978-7-5625-5836-1　　　　　　　　　　　　　　　　　定价:68.00元

如有印装质量问题请与印刷厂联系调换

前　言

2000年,清华大学、四川大学等6所高校依托公共体育部师资力量和教学资源,承担体育学硕士点建设,开启了我国大学公共体育部培养体育学硕士研究生的先河。随着更多大学公共体育部承担体育学硕士研究生培养工作,如何保障研究生培养质量的问题,跃然纸上。原中国地质大学(武汉)体育课部作为其中的重要成员,在人才培养实践中遇到了多种问题。为此,在学校研究生院的大力支持下,给予4个课题资助,保障课题组连续开展了10余年的系统研究,取得了卓有成效的创新性成果。

课题建设期间,笔者调查了40多名专家、学者,走访了大量兄弟高校体育部门的领导、硕士生导师和体育教师,以及教育学、心理学、地球科学、管理学、旅游学等相关学科的教师,对以中国地质大学(武汉)为代表的体育学硕士点建设和发展,进行广泛而深入的调研,最终找到"特色"为其发展目标,利用户外运动与地球科学的密切联系,重点培养户外运动方向的硕士研究生,充分展现中国地质大学(武汉)体育学硕士研究生培养的独特性,在全国逐步树立差异化竞争优势。在坚持不断凸显"户外运动"和"户外运动＋地球科学"的学科特色基础上,自2016年以来中国地质大学(武汉)体育学硕士点特色化育人的成效逐步显现,57%的毕业研究生进入高校任教(其中户外运动方向毕业生占比超过80%)。

根据调查结果,中国地质大学(武汉)对体育学硕士研究生课程体系进行改革,在理论和技术课程设置上,凸显"户外运动"和"地球科学"特色,将优质和优势教育资源纳入课程体系,着力培养特色鲜明的高水平户外运动专业人才。户外运动已经成为学校研究生招生的名片之一,被《中国地质大学(武汉)2021年研究生招生宣传片——地大最美"师"篇》报道。

通过分析中国地质大学(武汉)体育学硕士点办学的优势和劣势,笔者认为应该立足学科特色和优势,从优势学科中获得发展动能,走特色和特长发展之路,夯实体育学硕士点可持续健康发展的基础。实践表明,中国地质大学(武汉)体育学硕士点建设选对了方向,在许多高校体育学硕士点被取消的背景下,该校体育学硕士点从二级学位授权点(体育教育训练学)于2019年发展为一级学位授权点(体育学)。

随着我国社会对高层次体育专业人才需求的增加,以及充分开发高校优质教育资源的育人功能,普通高校逐渐成为我国培养体育学硕士研究生的重要力量,目前我国约1/4的体育学硕士点依托普通高校办学。普通高校的体育学科底蕴不如专业体育院校深厚,也缺乏本科教育这个稳定的生源库来保证招生数量和质量,普通高校体育学硕士点的生源主要来自外部,直接影响体育学硕士点的办学质量。由于学生是硕士点生存和发展的基础,如果不能招收一定数量和质量的研究生,将影响体育学硕士点的社会价值,也事关硕士点的前途和命运。

我们深刻感悟和理解这场危机,并逐渐改革、创新和完善课程体系、育人条件、师资队伍、培养模式和招生机制,连续开展"我校体育教育训练学专业硕士研究生课程体系改革的研究"(校研究生教育教学改革课题,2009年)、"湖北省普通高校公共体育部学科建设可持续发展研究"(湖北省教育科学"十二五"规划课题,2013年)和"提高我校体育专业学位硕士研究生生源质量的招生机制创新研究"(校研究生教育教学改革课题,2017年)等课题研究,着力"查摆问题、找准对策、明确路径",形成"依托校本特色(户外运动)、改善育人环境(软硬兼修)、提高生源质量(增加优秀生源)"的发展思路,从而构建了户外运动特色明显的课程体系,打造了"落地育人"的培养条件,建成一支高水平户外运动方向的师资队伍,形成了符合户外运动专业人才成长特点的培养模式,制定了"户外运动引领,内保外调"的目标化招生机制。

通过一系列的改革创新举措,中国地质大学(武汉)体育学硕士研究生培养已经形成户外运动特色,并积极利用"户外运动与地球科学融合发展"的学科生态支撑作用,在育人条件比较困难的情况下(主要依托公共体育教育力量),走出了一条特色化育人之路,取得了多项社会认可的建设成效,尤其是在2018年与中国登山协会合作共建"中国登山户外运动学院"、2019年获批体育学一级学科硕士点,同时毕业研究生就业率100%(其中57%在高校任职),研究生在国家级学科竞赛上获奖4次(含金奖1项)、发表T5级及以上期刊论文20余篇,获授权国家发明专利 5 项，涌现出次落、陈晨、梁荣琪、牛笛、范友等优秀的硕士研究生代表。

我国普通高校公共体育部培养体育学硕士研究生事业还在继续向前发展，在新的历史征程上也会遇到新的问题，我们会继续深入探讨和钻研相关问题。笔者由于学识有限、能力欠缺，在研究和行文中可能存在不足之处，敬请各位读者批评指正，在此感激不尽！

游茂林

江西师范大学瑶湖校区

2024 年 3 月 20 日

目 录

第一章 提高体育专业硕士研究生培养质量是时代诉求 ……………(1)
- 一、我国体育专业硕士研究生培养历史回顾与实践困境概述 ………(1)
- 二、加强体育学科建设,夯实培养体育专业硕士研究生的基础条件 ………(2)
- 三、重视育人平台建设及专业理论课程的教学模式创新 ……………(3)
- 四、提高人才培养质量,着力塑造体育专业学位硕士研究生的就业竞争力 …………………………………………………………………(4)

第二章 突破发展困局,着力提高培养质量 ……………………(6)
- 一、学科建设陷入困境 ………………………………………………(6)
- 二、特色课程体系建设缓慢 …………………………………………(7)
- 三、优质生源不足,招生工作面临困难 ……………………………(8)
- 四、创新培养模式,着力凸显普通高校体育学科硕士点的育人特色与优势 …………………………………………………………………(8)
- 五、毕业的就业竞争力遭遇现实挑战 ………………………………(9)

第三章 加强体育学科建设,夯实体育专业学位硕士研究生培养基础 ……(10)
- 一、普通高校开展体育学科建设的情况 ……………………………(11)
- 二、普通高校开展体育学科建设的历史 ……………………………(12)
- 三、普通高校开展体育学科建设的现状 ……………………………(13)
- 四、普通高校开展体育学科建设面临的突出问题 …………………(16)
- 五、普通高校体育学科建设可持续发展的建议 ……………………(20)
- 六、重视专业建设 ……………………………………………………(23)
- 七、小 结 ……………………………………………………………(24)

第四章 狠抓课程建设,突出人才培养亮点 ……………………(26)
- 一、普通高校体育硕士点课程设置改革研究 ………………………(26)
- 二、体育学科硕士研究生课程教学模式改革实验研究 ……………(33)

V

第五章 提升师资水平,保障人才培养质量 ……………………………（37）
一、新时期普通高校体育教师的胜任特征 …………………………（37）
二、我国普通高校体育师资队伍建设面临的问题 …………………（38）
三、影响普通高校体育师资队伍建设的主要因素 …………………（39）
四、普通高校大学体育师资队伍建设发展的建议 …………………（40）

第六章 着力提高生源质量,助力人才培养方案有效落实 …………（42）
一、普通高校体育专业硕士研究生的招生困难 ……………………（42）
二、普通高校体育专业硕士研究生生源质量分析 …………………（52）

第七章 积极构建育人条件,夯实人才培养的物质基础 ……………（62）
一、我国普通高校培养体育专业硕士研究生的困境 ………………（63）
二、我国普通高校培养体育专业硕士研究生的对策 ………………（67）
三、小　结 ……………………………………………………………（69）

第八章 合作共赢,探索具有校本特色的多导师制 …………………（71）
一、H省普通高校体育学科硕士点导师制度分析 …………………（71）
二、普通高校体育学科硕士点实施多导师制的必要性与可行性 …（74）
三、多导师培养制度实施方案 ………………………………………（79）
四、多导师制的实施方案 ……………………………………………（82）
五、结论与建议 ………………………………………………………（84）

第九章 精细化培养,打造具备差异化竞争力的优秀人才 …………（85）
一、普通高校体育专业硕士研究生就业竞争力存在的突出问题 …（85）
二、提升体育专业硕士研究生就业竞争力的理论基础 ……………（86）
三、提高体育专业硕士研究生就业竞争力的对策 …………………（89）
四、影响普通高校体育专业硕士研究生就业竞争力的因素与建议 …（91）
五、提升普通高校体育专业硕士研究生就业竞争力的对策 ………（94）
六、提升体育专业硕士研究生就业竞争力的培养模式创新 ………（100）
七、建　议 ……………………………………………………………（102）

第十章 改革成效与总结 ………………………………………………（104）

主要参考文献 …………………………………………………………（108）

第一章　提高体育专业硕士研究生培养质量是时代诉求

为了满足体育事业高质量发展的需求,我国研究实施体育专业硕士研究生培养方案,并相继出台多项指导性政策,旨在保障和提高体育专业硕士研究生培养质量。在实践过程中,受生源质量、师资队伍、培养环境、教育资源等多种因素在不同培养单位的配置水平差异影响,体育专业硕士研究生培养成效并不理想,出现诸多亟待补齐和解决的短板。

一、我国体育专业硕士研究生培养历史回顾与实践困境概述

我国于 2005 年开始实施专业学位硕士研究生教育试点工作,并从 2009 年起推行全日制硕士专业学位研究生教育。随后,教育部、国家发展和改革委员会、财政部于 2013 年 3 月联合印发了《关于深化研究生教育改革的意见》(教研〔2013〕1 号),鼓励"积极发展硕士专业学位研究生教育",由此专业学位硕士研究生教育成为我国研究生人才培养体系的重要组成部分,是培养高层次应用型人才的重要途径。为了提高专业学位硕士研究生教育质量,教育部于 2009 年下发《关于做好全日制硕士专业学位研究生培养的若干意见》(教研〔2009〕1 号)、教育部和人力资源社会保障部于 2013 年发布《关于深入推进专业学位研究生培养模式改革的意见》《国务院学位委员会　教育部　国家发展和改革委员会关于进一步加强在职人员攻读硕士专业和授予同等学力人员硕士、博士学位管理工作的意见》(学位〔2013〕36 号)等文件,对专业学位硕士研究生招生和培养做出了相关要求,提出"改革招生制度,建立符合专业学位研究生教育特点的选拔标准,完善专业学位研究生招生办法""支持和鼓励在职人员攻读硕士专业学位"等意见。生源是研究生教育质量提升的前提与保证(潘娟华等,2005),所以高校必须建立良好的专业学位硕士研究生招生机制。

我国体育专业硕士研究生教育始于 2009 年,王兴怀(2009)、赵君(2012)、常志利和陈宁(2016)等在探讨体育专业硕士研究生培养时论及招生问题,受招生规模扩大、考生对体育专业硕士研究生教育依然存在认知偏见、普通高校处于体

育专业硕士研究生生源下游等因素的影响,体育专业硕士研究生生源质量亟待提高。本研究选择的主要研究对象D高校,具备招收培养体育专业硕士研究生的时间较晚,于2015年招收第一届学生3人,2017年招收第三届学生14人,2023年招生35人,目前体育专业硕士研究生招生规模大约是学术硕士研究生的1.8倍。在人才培养过程中,D高校既面临体育专业硕士研究生招生的共性问题(例如优质生源缺乏,本校优质生源外流,外校优质生源流向北京、上海、江苏等体育学博士点院校),也存在特殊问题(例如人才培养特色不突出,具备硕士生导师资格的教师缺乏特色专业能力,而具备较强特色专业能力的教师不具备硕士生导师资格)。因此,改革和探索体育专业硕士研究生培养路径,已经迫在眉睫。

二、加强体育学科建设,夯实培养体育专业硕士研究生的基础条件

体育学科建设是一个老生常谈的问题,尤其是许多普通高校转型承担体育专业人才培养工作之后,在相当长的一段时间内对体育学科建设不够重视,以及育人基础条件存在先天性不足,导致体育学科发展迟滞。后期,随着政策管控和自身需求的双重激励作用促进效应,各高校推进体育学科建设时独辟蹊径(例如吉首大学紧抓民族传统体育学建设、华东理工大学强化体育经济学和体育工程学发展),取得明显成效,已经成为助推我国体育学科高质量发展的重要动力。不同于体育专业学院,普通高校培养体育专业硕士研究生,既有明显的学科特色,也面临先天性的学缘关系短板,所以对此问题进行研究,将扩展体育学科建设的理论知识和实践经验,开辟新的研究领域,获得新的理论成果,对体育学科建设问题形成新的认知观念。研究成果将为我国建设特色化、多元化、优质化体育学科提供积极的参考意见。

兰州大学李绍成和聂东风(2005)较早调查了我国普通高校体育学硕士研究生培养问题,由于当时国内普通高校体育学科建设主要依托部属重点大学,所以调查结果显示普通高校体育学科建设条件高于专业体育学院的平均水平。体育学科建设为普通高校学科发展带来明显效益,所以2005年以后通过创办硕士点、体育本科专业和体育科学研究所等途径参与体育学科建设的普通高校逐渐增多。在随后的发展过程中,普通高校转型办学的先天短板条件逐渐表现出来:①学科特色明显,但表现不充分,由于师资力量和科研创新能力不足,难以将特色体育资源转化为特色人才培养,逐渐退出传统体育学科的发展轨道,缺乏市场

竞争力；②人才培养平台发展滞后，普通高校教育资源未能产生联动效应，实验室、图书室、交叉学科培养平台、学术氛围等硬件和软件条件发展滞后（游茂林等，2010）；③师资结构不合理，高水平、高学历教师稀缺，即使上海211高校的体育教师中博士教师比例也只有3%（徐昱玫和刘文珂，2011）。近年来普通高校大力引进具有博士学位的高层次体育教师，但是教师博士化比例普遍在20%左右，明显低于体育专业学院；④科研产出明显不足，特别是高水平科研成果较少，年均核心期刊论文不足10篇（聂东风等，2011），该水平一直持续到现今，如华中科技大学、武汉理工大学、北京交通大学、江南大学等高校体育教师年均发表核心期刊论文仍然不足10篇；⑤招生条件差，处于生源下游，优秀学生被体育学院垄断（叶东惠，2009），通过保送升学的优质生源，主要流向北京体育大学、上海体育大学等专业体育学院或者北京师范大学、华东师范大学、苏州大学等拥有体育学科博士点的高校。以D高校为例，2022年有12个推免生招生指标，最终仅招收10名推免生，除了本校推免升学的2名生源外，其余8名生源均来自非"双一流"高校。如果算上统招生源，大部分招生来自普通地方高校；⑥课程建设困难（冯岩，2012），D高校至今没有建成1门体育学研究生优质课程，主要缘于自有师资有限、隶属高校对体育学硕士研究生培养不够重视、支持课程建设的资源匮乏等。历经10余年的发展，我国普通高校体育学科建设普遍面临如何实现可持续发展的问题，这直接关系体育专业硕士研究生的培养质量。

三、重视育人平台建设及专业理论课程的教学模式创新

教学改革研究一直是我国体育学科建设的重要主题，但是笔者查阅文献发现，研究者重点关注课程设置、教育环境、师资力量等方面的问题，忽视了课程教育模式。在CNKI中以关键词"课程教学模式""课程教育模式"进行检索，发现研究对象几乎都是体育专业技术课程，例如《Play Practice教学模式对职前体育教师学科内容知识影响的实验研究：以羽毛球课程为例》（王伟，2023），而专业理论课程是体育专业硕士研究生培养方案的主要内容，所以体育专业理论课程教学模式改革更应值得重视。

教育学等其他学科一直很重视理论课程科学模式的改革研究，例如《"计量经济学"课程教学模式改革探讨》（马成文，2010）、《混合式教学模式下"病原生物学与免疫学"多元课程考核评价体系的构建与实践》（陈文标等，2023），各种针对

专业理论课程教学模式进行改革的研究报告已达数百份,但有关研究生体育专业理论课程教学模式改革的研究报告较少,仅查阅到《"应用伦理学研究"课程改革探讨》(吕耀怀和刘志峰,2015)、《食品类专业研究生"油脂营养与健康"课程教学模式改革探索》(唐雪等,2023)等少数几篇相关文献。

我国学者也开展了有关体育专业课程教学模式改革的研究,例如黄柳倩和许莉(2010)探讨了"体育统计学"课程的教学模式改革问题;袁焰(2005)进行了"大学健美操"课程教学模式改革的实验;李海军(2003)进行了"大学足球"课程教学模式改革的实验。虽然目前有关体育专业理论课程教学模式改革的研究较少,但随着人才培养要求的提升,以及国家一流课程建设工作的引导作用,体育专业理论课程在人才培养任务中的责任增大,对体育专业理论课程的教学模式进行改革研究已是大势所趋。目前较多研究者关注培养体育专业硕士研究生的课程体系建设(喻泽坤和路国华,2021),针对体育专业理论课教学模式进行改革研究的报道较少,例如王宏坤等(2014)对黑龙江省4所高校体育教育训练学专业硕士研究生学位课程"运动生理学"的教学内容、教学方法、实验课开设及师资等情况进行调研;王粟和王鼎(2022)探索了体育硕士"运动训练理论与方法"课程的优化路径;关朝阳和韩奇峰(2022)以河南师范大学体育学科硕士学位论文为基础,探讨了对"体育科研方法"课程进行教学改革的问题。虽然有关体育学硕士研究生专业理论课教学模式改革创新的理论或实践探索较少,但体育专业理论课教学模式提质升级的重要性已经引起社会的广泛重视。

四、提高人才培养质量,着力塑造体育专业学位硕士研究生的就业竞争力

就业竞争力(employability)的概念由美国学者于20世纪50年代提出,指个人受到雇佣的潜能(李丽,2010)。我国学者于21世纪初开始探讨研究生就业竞争力问题,主要从分析现状、总结经验、比较借鉴、制定对策等方面入手,通常采用问卷调查、SWOT分析、SERVQUAL模型评价等方法。可能缘于我国体育学硕士研究生培养工作起步较晚,毕业生面临就业问题出现的时间较短,目前笔者仅查阅到16篇相关文献,分析了我国体育学硕士研究生的就业现状、就业趋势、影响因素,以及培养策略和课程设置提升就业竞争力的作用。

综合而言,相关研究主要包括以下几个方面。

(1)我国体育学硕士研究生就业竞争力问题分析。笔者调查发现:①就业期

望值较高,就业意向多元化,预期与现实严重背离,学校就业指导工作存在不足(韩会君和肖君,2015);②培养方向模糊化、教育实践形式化、课程设置理论化、学位论文学术化、导师教学理念传统化、准入机制单一化等影响了体育专业硕士研究生的就业竞争力(方千华等,2014;叶松东等,2017);③人才培养体系与体育行业人才市场发展需求不对应,培养理念仍然滞后于招生规模增加的速度,与体育职业资格认证缺乏衔接(胡斌,2017)。

(2)我国提高体育学硕士研究生就业竞争力的培养模式借鉴。笔者通过对照我国香港和台湾地区与欧美国家培养体育专业硕士研究生的经验发现:①教育理念开放、重视实践教学和实践活动、注重学生对研究方法的掌握、重视学生个性的培养及全面素质的发展(左成,2007;乐浩然,2016);②培养模式多样化,紧跟时代和社会的需求,以解决问题为科研课题,重视与校外机构合作(李鸿江等,2010);③建立"宽进严出"的淘汰制度,重视基础知识和交叉学科培养,注重学生创新能力,突出办学特色(汪琼,2007;徐建华和方千华,2015)。

(3)我国提高体育学硕士研究生就业竞争力提升策略。黄林楠和曹梦(2014)提出的"蝴蝶模式"强调政府、高校、就业服务中介和企业四方联动,对提高硕士研究生就业率,具有较好的借鉴作用(图1-1)。此外,其他策略包括积极利用"三助"岗位培养研究生实践能力(牟艳娟和欧阳胜权,2011),吸纳和使用社会资源(方千华等,2014),构建体育职业资格认证体系(叶松东和杜高山,2017),突出职业岗位技能培养(李先雄等,2011)等。

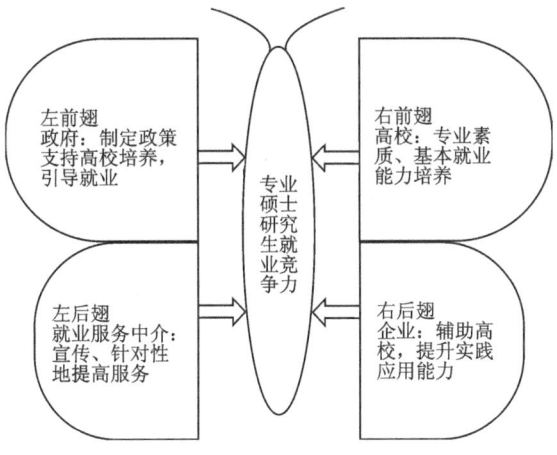

图 1-1 专业硕士研究生就业竞争力的"蝴蝶模式"

第二章 突破发展困局,着力提高培养质量

普通高校主要依托公共体育教育资源培养体育专业硕士研究生,但也存在师资力量不足、学科平台缺位、育人条件有限、课程设置不足等困难,所以在培养体育专业硕士研究生方面面临诸多问题。

一、学科建设陷入困境

普通高校公共体育部开展体育学科建设工作已经有 20 余年的历史,既有蓬勃发展的成果,也有进退两难的困境,此时审视普通高校体育学科建设的发展问题,旨在帮助大家认清困难,找到解决问题的办法。

(1)师资队伍和科研水平是影响普通高校体育学科建设的两个关键因素,只有着力解决好这两个关键因素,才能促进普通高校体育学科建设的发展。

(2)特色化是普通高校体育学科建设的基石。但湖北省普通高校体育学科专业普遍与本校优势学科之间缺乏有效的合作机制,体育学科想利用优势学科资源拓展本专业领域,而优势学科资源如何被利用的问题始终未能得到合理的解决。普通高校体育学科以技能见长,优势学科以理论见长,因此可以利用优势学科师资力量带动体育学科课程建设、人才培养和科研水平的提高。

(3)科研是普通高校体育学科建设的能源,专业是普通高校体育学科建设的发动机,所以普通高校体育学科建设应该重视科研工作,加大科研投入,激发师生科研工作的积极性,将科研塑造成以知识创新为目的的科研,这样才能为专业建设注入生命力,继而高水平的专业将带动普通高校体育学科建设的长远发展。

(4)普通高校体育学科建设存在政策保障力度不够的问题,一方面受到校本政策制度的限制,另一方面受到公共体育教学、群体、运动训练等长期公体工作制度的限制,所以开展学科建设时,若涉及到资源分配问题,有时难以得到学校和普通高校体育学科内部的支持。面对这种困局,普通高校体育学科应该尽快制定符合自身实际和发展需要的政策制度,在人才引进、师资队伍建设、科研水平提高、专业建设、学科发展规划等方面减少与优势学科间的差距。

(5)普通高校体育学科建设的时间不长,尚处于培育期,投入和"供奶"是保证普通高校体育学科建设可持续发展的前提。目前我国普通高校已经度过了追求多学科的时期,而且教育部对学科评估的条件趋严,体育学科混在普通高校学科体系中未能发挥其优势,因此普通高校体育学科建设面临生存危机。普通高校体育学科建设需要强调特色,突出长远发展成效,积极争取学校支持,才能保证普通高校体育学科建设的可持续发展。

(6)加强体育学科与优势学科的联系,积极利用优势学科的课程和师资,将体育学科融入学校优势学科中,既有利于体育学科提质升级,又能得到优势学科的帮助,从而推动体育学科进入良性发展轨道。

二、特色课程体系建设缓慢

首先,普通高校体育学科硕士点的课程设置改革是重中之重,课程是培养研究生专业素质的核心途径,课程设置不足,将直接影响培养的质量,还会削弱招生口碑,很多考生报考普通高校体育专业硕士研究生,就是冲着普通高校优势学科资源和特色体育项目而来。由于体育学科硕士点的特殊运行模式,普通高校在借鉴体育院校、教育学院等相关学科课程设置的基础上,应充分考虑自身特色(如办学特色、招生规模和生源、可资利用的教育资源、培养目标等),设置相应的课程体系,向社会呈现招生吸引力:

(1)普通高校体育学科硕士点培养硕士研究生的课程设置应强调专业素质教育,以弥补研究生招生选材的不足。

(2)将研究生培养目标定位为适应现代社会需求的高素质人才,加强专业知识、特色知识、社会需求素质的培养。

(3)充分发挥普通高校体育学科硕士点蕴含的特色教育资源的培养价值,使培养的研究生形成排他性的特色专业素质。

(4)根据培养目标制订相应的课程,多元化组合教育资源,从校内外选聘优秀教师进行教学。只有保证较高的课程教育水平,才能确保研究生的培养质量。

其次,新课程教学模式突显学生在教学过程中的主体地位,并使教师从"讲授"者转为"引导"者,将学生自学和教师辅导有机结合起来,着重培养体育学科硕士研究生的实践能力、创新能力、思辨能力、表达能力、问题发现与解决能力。多样性的教学方式、紧凑变化的教学内容、体现学生主体地位等措施,有利于减轻学生的学习疲劳。通过课程教学模式的改革,努力培养体育学科硕士研究生的综合素质,使他们具有以下特质:具有一定深度的专业理论知识;能够承担一定强度的体育实践任务;具备开展一定水平的体育科研工作;能够思辨和表达个人的专业观点。

基于本研究的调查结果,笔者建议:①普通体育学科硕士研究生课程培养目标应重视学生对知识的"掌握"和"应用"情况;②着重培养体育学科硕士研究生的综合素质,使他们成为应用型、开拓型的人才;③发挥研究生在课程学习中的主体地位,充分调动他们的学习积极性,变被动接受为主动纳入;④重视培养体育学科硕士研究生的思辨能力,提高学术敏锐感。

三、优质生源不足,招生工作面临困难

普通高校体育学科硕士点的社会声誉、办学质量都要通过培养研究生的数量及质量来体现,所以普通高校需要解决招生数量问题,方可谈招生质量和培养质量。普通高校体育学科硕士点存在招生规模小、生源不足、复试选材困难、招生质量不高等问题,因此应积极做好宣传工作,扩大招生视角,从更广泛的领域中招生,提高招生能力。首先,拓展生源,建立完备的招生体系是当前普通高校体育学科硕士点的重要任务,可以综合采用多种方法、多种途径招生,例如K大学的体育学科硕士点计划招生7人,包括1名校外保送生、2名从高等教育研究所调剂而来的学生、4名保送读研的本校体育特长生。其次,应创新普通高校体育学科的招生机制:①加大招生宣传力度,提升选材空间;②严格执行复试选材标准,提高研究生生源质量;③完善研究生管理机制,实行个性化培养机制;④培养创新意识,加强课程建设。

四、创新培养模式,着力凸显普通高校体育学科硕士点的育人特色与优势

普通高校建设体育学科硕士点,为缓解我国社会对高层次体育专业人才的需求做出了积极贡献,也为普通高校建设综合性大学提供支持,所以提高普通高校体育学科硕士点发展水平具有重要意义。毕竟普通高校体育学科硕士点成长于特殊的环境,且处于发展初期,受自身实力、办学经验、教育资源储备等因素的限制,在发展过程中遇到诸多困境,而解决研究生培养问题是重中之重,关系到

普通高校体育学科硕士点能否可持续发展,因此普通高校体育学科硕士点除克服自身困难外,各高校和相关管理部门应给予必要的政策和资源支持。一方面,当前普通高校体育学科硕士点应拓展招生渠道,合理调用外部师资,积极利用自有特色教育资源,制订精细的研究生培养计划,培养出优秀的人才,以赢得社会声誉,巩固发展基础;另一方面,普通高校体育学科硕士点应重视多导师制的建立,因为普通高校体育学科硕士点基本具备实施多导师制度的条件,可成立以研究方向、运动项目团队、社会服务小组等为基础的多导师团队,由学生和导师团队根据自身需要进行双向选择。

五、毕业的就业竞争力遭遇现实挑战

普通高校体育学科硕士点培养的体育专业硕士研究生存在体育专业技术轻视化、培养方向模糊化、研究重心倾斜化、课程设置理论化、就业方向受限、人才与需求低匹配等问题,急需改善他们的就业竞争力:①通过明确特色课程培养目标、增强特色体育和课程实践能力、注重培养实践技能、开设校本特色和交叉学科课程等方式,积极优化课程质量;②名师出高徒,普通高校体育学科硕士点既要遴选高水平的师资担任导师,也要主动培养导师的指导能力,并积极探索和构建有效的多导师制与复合型导师制度,突破校本局限,着力利用外专业、外单位的优质师资力量;③体育专业硕士研究生的培养要坚持理论联系实践,为他们提供学术交流、科学论文报告会、科研创新课题等条件,提升他们的理论水平,同时要求他们到实习单位参加实践工作,强化他们的应用能力;④构建"一特多能"的优势型体育专业硕士研究生培养模式,提供具有体育专业针对性的就业指导,并注重提升他们的软实力。

第三章　加强体育学科建设，夯实体育专业学位硕士研究生培养基础

在我国大学发展历程中,普通高校(本研究所说的"普通高校"区别于体育专业学院、师范类大学体育学院,是指从专门承担公共体育任务中转型承担体育专业硕士研究生培养工作的高校)开展体育学科建设并非新鲜事,但在很长一段时期内没有从观念上予以确认,习惯性地将体育科研、师资队伍建设、人才培养等看作是适应大学氛围和履行管理制度的工作需要。2000年,清华大学等6所重点大学获批体育学硕士点,成为我国普通高校参与体育学科建设的里程碑,并迅速为体育学科建设赢得社会信誉,我国普通高校体育学科建设开始步入正轨,也成为体育学科建设的新课题,例如早期开展体育学科建设的普通高校大都属于部属重点大学,体育学科发展得到985、211平台的大力支持(彭庆文等,2008)。

教育部《第五轮学科评估指标体系》指出,一个学科发展的水平主要体现在师资队伍、科学研究、人才培养、社会服务等4个客观层面,所以普通高校体育学科发展是指依托相关资源积淀,开展科学研究、培养优秀体育专业人才、提高师资队伍素质、打造创新平台、承担体育社会服务任务等,从而为我国体育学科建设做出特殊贡献,既是普通高校体育学科建设成效的体现,也是普通高校提高体育专业学位硕士研究生培养质量的必要路径。尽管开展体育学科建设的部分普通高校已通过成立"体育学院""体育系"等方式来明确发展目标,但明显不同于传统体育学院的运行模式、组织结构、业务职能、师资力量和发展战略,改变"名称"并不能改变普通高校推进体育学科建设面临的共性难题问题。

普通高校作为我国体育学科建设的重要载体和生力军,学科建设资源的特色明显。鉴于H省普通高校在体育学科建设方面已有体育学科硕士点、社会体育本科专业和体育科学研究所3条发展路径的格局,有了以户外运动(D大学)、高水平运动员教育(L大学)、计算机在体育领域中的应用(K大学)、体育经济学(J大学)、民族传统体育学(M大学)等为代表的特色鲜明的体育学科。本研究以H省为例,总结普通高校体育学科发展经验,探寻发展路径,借鉴其他学科发展成果、科学构建保障策略,将该省普通高校体育学科建设的成果经验作为我国普通高校推进体育学科建设的参考。

一、普通高校开展体育学科建设的情况

体育师资队伍建设、教学和人才培养、科研水平的提高等成为普通高校普遍重视的工作,所以笔者咨询多名普通高校具有高级职称、10年以上大学体育教龄的教师(5名教授和7名副教授),大家比较一致地认为承担体育专业人才培养、成立研究机构是一所普通高校开展体育学科建设的基础,因为这意味着普通高校具有建设体育学科的条件。因此,本书研究对象包括H省内正式成立的体育科学研究机构和招收体育专业学生的普通高校。

调查结果显示,部分普通高校随着体育学科建设的发展,将原来的体育课部[如中国地质大学(武汉)]、体育部(如华中科技大学)更名为"体育学院"。根据H省教育厅公布的数据,H省共有普通高等学校132所,本次研究对其中11所高校的体育学科建设情况进行了调查(表3-1),包括10所公办高校和1所民办高校,有体育学硕士点4个、联合培养硕士点2个、本科专业7个、专科专业2个、体育相关的研究所4个。

表3-1 H省普通高校开展体育学科建设情况统计表

序号	学校名称	学校性质	学科建设方式
1	K大学	公办	本科、硕士点
2	L大学	公办	硕士点、体育科学研究所
3	D大学	公办	本科、硕士点
4	C大学	公办	体育经济学与法学研究所
5	M大学	公办	本科、硕士点
6	KJ大学	公办	校内联合培养体育学硕士点
7	GC大学	公办	校内联合培养体育学硕士点
8	ZY大学	公办	本科
9	J学院	公办	本科、体育科学研究所
10	S学院	公办	本科、专科、体育科学研究所
11	SG学院	民办	本科、专科

通过分析相关调研报告,笔者分别收集整理了我国普通高校和H省普通高

校开展体育学科建设的资料,归纳总结重要经验,为本研究奠定了理论基础。在此基础上,就相关问题,笔者采访了 D 大学、L 大学、K 大学、S 学院、GC 大学、KJ 大学等普通高校体育教师和体育部门领导,具体了解普通高校开展体育学科建设的情况。本次研究技术路线过程如图 3-1 所示。

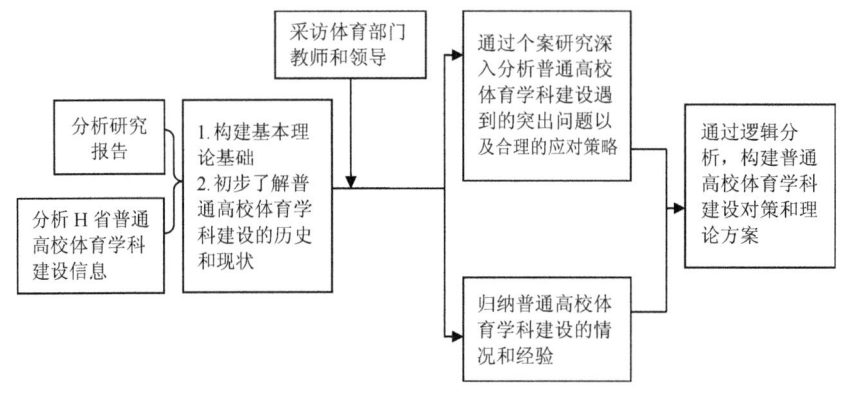

图 3-1　研究技术路线图

二、普通高校开展体育学科建设的历史

21 世纪初,清华大学、北京大学、上海交通大学、四川大学等高校创建体育学硕士点,拉开了我国普通高校公体部学科建设的序幕。当时蓬勃发展的体育学科建设浪潮也促进了 H 省普通高校积极开展体育学科建设,以 D 大学、K 大学、L 大学、C 大学等部属高校为代表,先后成立了体育科学研究所,创办了社会体育本科专业和体育教育训练学硕士点(表 3-2),近年来部分高校将其更名为"体育学院"。

表 3-2　H 省部属高校体育学科建设起始年份

序号	学校名称	学科建设方式	起始年份
1	C 大学	体育经济学与法学研究所	2004 年
2	D 大学	社会体育本科	2005 年
3	K 大学	体育教育训练学硕士点	2007 年
4	L 大学	体育教育训练学硕士点	2007 年
5	D 大学	体育教育训练学硕士点	2007 年

随后，H 省内其他高校开始发展体育学科，例如 S 学院体育部与武汉赛马俱乐部有限公司合作创办赛马产业管理本科专业，然后又相继成立马术学院（2009 年）和赛马经济研究所（2010 年）；KJ 大学体育部与公共管理学院联合培养体育专业硕士研究生（培养本校高水平运动员），并在校友资助下成立足球学院；GC 大学体育部与管理学院合作联合培养体育经济与管理方向硕士（培养本校高水平运动员）；J 学院体育部于 2010 年开始招收体育经济学方向的本科生，现在已经发展成为拥有 3 个本科专业的以体育经济为特色的体育学院；SG 学院 2008 年开始招收社会体育专业本科生；M 大学体育部从 2010 年开始招收社会体育指导与管理（民族传统体育方向）本科生，2014 年与教育学院联合招收培养体育教学方向全日制硕士研究生。

时至今日，不少普通高校承担体育专业人才培养的单位已经转型为体育学院（如 M 大学体育学院、J 学院体育经济与管理学院、S 学院体育学院·国际马术学院），或体育系（如 ZY 大学体育系、SG 学院体育系）。经过多年的发展，H 省普通高校体育学科建设取得明显成效，突出了学校特色，也呈现出多点开花的局面。但是教育部正在加强学科建设质量，普通高校体育学科建设受先天因素的影响，在教学评估中倍感压力。例如：2016 年 K 大学被取消体育学一级学科硕士点；GC 大学曾与本校管理学院合办体育经济与管理专业、体育管理硕士，以解决本校高水平运动员的培养问题，后经学科评估，本科专业和硕士点均被取消；HG 大学曾创办体育科学研究所，后来由于人才队伍建设滞后，科研水平跟不上，研究所难以为继。目前 H 省普通高校体育学科建设呈现两极分化的局面：①部属高校体育学科建设开展困难，甚至面临失去体育学位点的风险，而一般高校体育学科建设稳步发展，已经取得了可喜成绩；②传统体育学科建设陷于困境，而特色体育学科建设还未获得社会认可。

三、普通高校开展体育学科建设的现状

1.专业建设情况

由表 3-3 可见，调查对象中有 6 所普通高校承担体育本科和专科专业建设，从专业特征看，均融合了校本特色，呈现学科多元化。专业创办紧密联系社会需要，注重体现自身优势，所以社会体育指导与管理是 H 省普通高校创办本、专科层次专业的主要选择。

表3-3 普通高校承担体育本、专科专业建设情况统计表

序号	学校名称	专业层次	专业方向
1	D大学	本科	社会体育指导与管理（户外运动方向）
2	M大学	本科	社会体育指导与管理（民族传统体育方向）
3	J学院	本科	体育经济与管理、休闲体育
4	S学院	本科、专科	体育经济与管理、休闲体育、休闲服务与管理、社会体育
5	ZY大学	本科	运动康复
6	SG学院	本科、专科	社会体育指导与管理

2.师资队伍建设情况

普通高校受体育工作任务和师资来源的影响，相比于体育学院，师资队伍建设长期处于弱势。由于公共体育教学、高水平运动队和群众体育工作对科研型教师的需求较少，所以普通高校长期忽视体育教师学历选拔和培养。近年来，随着大学学科建设整体发展的需要和我国体育学科的进步，体育专业研究生不断充实到普通高校体育教师队伍之中。即使各高校加大博士等高层次人才引进力度，但在整体师资水平上依然与体育学院存在较大差距（表3-4）。

表3-4 普通高校公共体育部学科建设单位拥有博士学位教师情况（截至2021年）

序号	学校名称	博士学位教师情况（含在读）/人	教师博士化率/%
1	K大学	5	5.31
2	L大学	11	12.64
3	D大学	14	37.83
4	CJ大学	3	3.7
5	M大学	8	16.33
6	KJ大学	6	9.52
7	GC大学	2	4.88
8	ZY大学	1	3.45

第三章 加强体育学科建设,夯实体育专业学位硕士研究生培养基础

续表3-4

序号	学校名称	博士学位教师情况(含在读)/人	教师博士化率/%
9	J学院	6	13.95
10	S学院	13	16.88
11	SG学院	0	0

综合而言,普通高校体育教师队伍中拥有博士学位的教师比率普遍低于20%,最多有14名博士,比率最高达37.83%。此外,部属高校和学科建设水平较高的地方高校比较容易吸纳高学历教师,同时非985高校、没有本科或硕士点的高校,以及办学层次较低的高校吸纳拥有博士学位体育教师相对困难,可能与学科建设水平有关,例如L大学和D大学均建成体育学一级学科硕士点,而K大学的体育学位点被撤销。同时本研究团队发现一些普通高校体育师资队伍中存在比率不低的在读博士(例如D大学体育教师中在读博士比率占博士教师总数的50%),但不少教师获得博士学位后选择离职,从而导致普通高校体育师资质量提升缓慢,并且与体育学院之间的差距逐年增大。师资力量薄弱,也阻碍了普通高校体育学科建设,目前在全国31家体育学一级学科博士点中只有清华大学、浙江大学、山东大学、上海交通大学等少数单位是普通高校(相对于体育专业学院而言)。

3. 实验室(研究所)和图书室建设情况

在专业学生培养过程中,实验室、研究所、图书室等是培养学生创新实践能力的核心平台。但普通高校尚未对体育学科建设予以重视,导致体育学科建设水平不高,在校内资源分配体系中处于弱势地位,因此培养单位依靠自身资源搭建的发展平台对体育学科建设和体育专业人才培养尤为重要。

调查发现,11所高校中有5所高校成立了专门的研究机构,其中体育产业是主要研究方向;3所高校培养体育本科专业学生的单位成立了实验室,如D大学的运动人体科学实验室、ZY大学的运动人体科学实验室、S学院的休闲体育产业实验中心,但这些实验室主要承担教学任务;8所高校成立了体育专业图书室,但大部分"挂牌无实"。综合而言,体育学科平台建设水平比较低:①缺乏成熟的研究团队;②缺乏高层次学科带头人;③缺乏稳定的科研成果产出;④发展方向比较模糊。因此这些平台在推动学科建设、科研创新、高水平人才培养方面的作

用有限,其主要功能在于满足日常教学需要。

4. 科研产出情况

从近5年承担国家级、省部级课题情况看,部属高校明显强于普通高校,L大学、M大学、D大学、K大学相继承担14项国家社会科学(自然科学)基金,近30项省部级课题,相比之下非部属高校中只有J学院主持了3项国家级课题。

论文产出水平普遍较低,11所高校年均发表CSSCI期刊论文皆不足5篇,人均发表CSSCI期刊论文皆不足0.5篇。除了教学成果奖,近5年11所高校无人获得省部级及以上社科(科技)成果奖。

由此可见,普通高校体育学科建设单位科研产出能力较弱。随着我国学科评估条件的提高,现有的体育学硕士点和体育学本科、专科专业,能否顺利通过学科评估,将关系到这些体育学科的生死存亡。据悉在教育部第五轮学科评估中,上述11所高校的体育学科取得的最好成绩是D大学。

四、普通高校开展体育学科建设面临的突出问题

1. 师资队伍建设困难

第一,由于普通高校体育师资需要承担较为繁重的公共体育教学、群众体育和运动训练竞赛等业务,导致各普通高校对体育科研创新工作的重视程度不够,所以在体育师资队伍建设时通常不会考虑体育学科建设的实际情况和发展需要,在人才引进指标分配、人才引进条件设置等方面,将优秀体育专业人才限制在外(例如某高校招聘高层次人才时,按照非体育学科标准划设体育教师进入门槛,达到标准的体育领域人才只能给予较低层次的引进待遇),所以部分普通高校只好招收硕士学位体育教师。

第二,各高校经历多年的学科建设和发展,师资队伍水平已经达到了较高程度(例如D大学优势学科学院的教师博士化率超过90%,而且拥有院士、国家杰青、长江学者等一大批高层次人才),而体育学科建设时间较短,加之受到工作任务要求,体育教师需要具备一定的体育运动技能,所以在需要以理论见长的体育教师时,跟不上学校整体师资队伍建设的布局,各高校很难降低标准来迎合体育学科建设的需要,因此"外引内培"的师资队伍建设思路在实践中困难重重。

第三章　加强体育学科建设,夯实体育专业学位硕士研究生培养基础

第三,普通高校在体育专业人才培养链中处于下游,体育学院培养的优秀人才首先会留在本院或同层次体育学院,其次会满足其他优势体育学科建设的需要,再次进入提供优厚待遇的高校,最后才有可能来到普通高校任教。普通高校由于体育学科在全校学科排名中靠后,导致体育教师在全校职称评聘、待遇分配等方面处于明显劣势,而体育学科在普通高校专业方向上是弱势学科,这也影响了部分优秀体育专业毕业生进入普通高校工作。

第四,普通高校虽然开展了体育学科建设工作,但主业仍然是公共体育事务,能够承担学科建设任务的人才通常存在运动技能短板,很难承担公共体育教学、运动训练或群众体育等方面的工作。同时普通高校在体育科研、学科建设方面也缺乏知名专家或成熟平台,新任教师到岗后缺乏必要的学术引领与支持,导致适应普通高校体育工作环境比较慢,部分引进的体育学博士研究生,未能转化成有效的体育学科建设力量。

2.课程建设困难

普通高校由于缺乏胜任高质量体育专业课程教学工作的师资力量,如果出现个别师资变动(如升学、出国、离职、请假),就会出现停课的现象。同时受体育专业院校加强学科建设产生的"虹吸"效应,不少高水平体育专业师资从普通高校跳槽到体育专业学院。这些现实情况导致普通高校在推进体育学科建设的过程中,受师资队伍建设水平的影响巨大,经常出现"有课无人开,开课无人上"的局面。调查显示,M大学、K大学、D大学等"双一流"高校,均建成国家一流本科课程达20门以上,却无一门体育课程,甚至连省级一流体育课程都未能建成,导致这一现象的原因如下。

第一,现有成熟师资队伍多年的教学经验主要服务于公共体育教学,而在体育专业学生培养方面缺乏有效经验,所以将他们转化为体育专业课程任课教师或硕士生导师,存在诸多现实困难(例如教学经验不足、育人资源有限、缺乏体育专业培养训练等)。

第二,新引进的青年体育教师虽然承担学科建设任务,但年轻人缺乏实践磨炼,而且他们在工作前没有丰富的体育学科建设经验,所以现在希望他们迅速承担起课程建设重任,快速从受教育者转变成教育者,显然不符合实际情况。

第三,成熟的课程和课程体系都是经过长期实践积累出来的,但普通高校开展学科建设缺乏类似的成长过程。由于普通高校体育学科建设的特殊性,能从体育专业院校获取经验有限,因此特色体育教育资源不只是开设1~2门课程而

已,而是需要建立相应的课程体系来贯彻特色育人理念,所以普通高校在课程体系、课程结构、课程内容设置都存在困难。

第四,教学场所是课程建设的关键。普通高校体育教学的场所通常是体育场馆,而前期体育场馆建设时很少考虑到体育专业学生培养工作的需要,所以满足公共体育工作的体育场馆设施难以满足体育专业教师教学需求(例如缺乏实习实践场所,没有配套的体育专业教研室)。

第五,由于普通高校体育师资力量和学科建设资源有限,限制了招生规模,一方面影响了教师的教学积极性,另一方面过小的招生规模限制了课程开设,例如有规定硕士研究生上课人数低于3人就不能开课。这些限制长期存在,继而直接影响课程建设(例如开课无人上)。

3. 招生困难

首先,招生规模小。学校为了控制全校生源质量和培养水平,分配给体育学科的招生指标比较少,本科生通常每年可以招1~2个班,硕士生招生30人/届左右(目前D大学已经增至50人/届,本次调查的其他普通高校招生人数均低于20人/届)。一般普通高校的招生情况相对较好,可能缘于对生源质量整体要求偏低,例如地方高校招收调剂体育学硕士研究生时,主要要求成绩合格,而部属普通高校通常会要求调剂考生第一学历不低于本校级别,所以部属高校受此影响明显,例如L大学每届只能招收2~3名体育学硕士研究生。

其次,普通高校体育学科的社会享誉度比较低,目前既没有具备强劲吸引力的名师,也缺乏热门专业,又没有体现出培养质量,直接影响了考生报考积极性,他们更倾向于报考体育专业院校或师范类大学体育学院,调剂生成为不少普通高校体育学科的优质生源。

再次,部属高校对生源质量的限制影响了体育专业硕士生招生,例如K大学招收体育专业硕士研究生时采用的是教育学分数线,结果很难从考生中招录到学生。

最后,招生质量不高,因为北京体育大学、上海体育大学、武汉体育学院、北京师范大学等体育学院形成了一定的招生垄断优势,而在硕士研究生招生体系中普通高校又缺乏像体育院校那样的生源库,所以在招生体系中处于劣势地位,很难吸收到优秀学生。

第三章　加强体育学科建设，夯实体育专业学位硕士研究生培养基础

4. 学科发展空间有限

普通高校开展体育学科建设存在一定的历史原因：①21世纪初，我国高校积极合并，并由此掀起综合性大学建设的浪潮，部分学科比较单一的大学简单地追求学科多元化而支持体育学科建设；②大学体育的快速发展，使高校创办专业运动队（体教融合）得到广泛认可，而如何留住高水平优秀运动员成为一个现实难题，所以不少普通高校创办体育学硕士点，通过升学激励和保留部分优秀高水平运动员；③大学获得的办学支持通常是以校为单位，普通高校可以从集体资源中分配一部分给体育学科建设（例如原211建设经费），给体育学科建设提供了较为宽松的条件；④2015年前我国高校学科建设整体上处于培育提升阶段，体育学科建设得到较好的发展。

实际上普通高校开展体育学科建设是很有必要的，例如S学院、D大学等高校的体育学科发展成绩已经成为学校学科建设的一面旗帜或重要抓手。但是随着国家对高校学科建设管理力度收紧（例如"双一流"建设和学科评估），普通高校的学科建设面临较大压力。在此背景下，非体育学科在国家大环境支持下容易取得长足发展，但体育学科建设较为缓慢，与优势学科之间的差距逐渐拉大，各高校为了保证优势学科和潜在优势学科提质升级，给予如体育学科等建设成效不够明显的弱势学科的支持力度降低。在资源分配时，部分高校已经开始引导体育学科放弃办学，转而加强高水平运动队、公体教学、群众体育方面的工作。

当前高校学科发展竞争日趋激烈，大学建设从"多而全"走向"少而精"，体育学科建设难以得到资源支持，部分高校在制订职称评聘、科研奖励、科研经费分配、学科培育等方案时甚至会将体育学科排除在外。此时普通高校体育学科建设不抓住机遇发展壮大，生存空间会被压缩，这类学校的体育学科建设将面临生存困难。

5. 新老交替陷阱

业务导向决定人才队伍建设模式。普通高校体育学科建设期间重点关注对理论和科研能力较强的教师，但受制于人才引进待遇不足，难以引进高水平人才（主要是确认理论与专业同步优秀的人才）。随着公共体育师资队伍新老交替，新引进的教师承担公共体育教学、群众体育、运动训练等主干业务，教师队伍开始面临严峻的挑战。目前公共体育师资队伍结构相较于体育学院和传统的公体部处境尴尬，这将不利于体育学科后续发展。

五、普通高校体育学科建设可持续发展的建议

1. 依托优势学科创建特色体育学科

普通高校进行体育学科创建时在传统体育学科领域缺乏与专业体育院校竞争的实力,必须突出特色走"人无我有"的道路才能可持续发展。部分普通高校在体育学科创建之初很好地落实了这一点,但由于学科建设的底子薄,在利用本校优势学科资源上并不顺利,经过初期的磨合(如学科交叉、校际联合、跨学院培养),转而纷纷依靠自有力量支撑体育学科建设,为此面临较大的学科建设压力。尽管D大学、M大学、J学院、S学院等体育学科建设成绩较好,但如何保证学科建设可持续发展已是现实问题。

综合而言,本校优势学科依然是体育学科可持续发展的基础,这也是体育学科走上"人有我精"道路的必然选择,只有有效利用优势学科资源才能保证体育学科走上"以质取胜"的发展道路,因此必须做到以下几点:①体育学科应积极与其他学科合作办学,在课程设置上充分引进优势学科的课程,从而有效利用优势学科的师资,可以解决课程设置和师资力量不足的问题;②通过聘请优势学科优秀教师举办讲座的方式,将优势学科的学科建设资源引进来培养体育专业学生;③向优势学科聘请讲座教授、合作导师,利用他们的优质师资联合培养体育专业学生;④获得优势学科的支持,培养专业教师,从育人源头提高教学质量。

如果普通高校体育学科建设离开本校优势学科的支持而自立门户地推进学科发展是非常困难的,因为脱离优势学科,相当于剔除了体育学科的特色精髓,而体育学科在创建时就考虑了优势学科的特色。优势学科资源是体育学科发展的保障,所以体育学科与优势学科应高度融合,争取借力发展的机会。

2. 制订长远发展规划

调查显示,普通高校在进行体育学科建设时普遍缺乏较长远的发展计划,而在学校发展规划体系中对体育学科建设关注较少(例如D大学"十三五"规划期间对体育事业发展的目标只有1条:学生体质测试合格率达到90%及以上),并且没有明确体育学科建设的最终发展目标,所以体育学科需要从以下几个方面考虑制订符合自身长远发展的规划:①兼顾学校发展规划,立足自身特色和体育学科特色,制订符合自身优势和前景的体育学科发展规划。如部分普通高校体

第三章 加强体育学科建设,夯实体育专业学位硕士研究生培养基础

育部门效仿学校5年发展规划制订体育学科发展方案,如短时间内要求体育部门引进或培养出省部级高端人才、主持国家重点/重大课题、发表多篇高水平期刊论文等指标,显然是不切实际的;②普通高校要拿出符合自身发展需要的师资队伍建设方案,一味地批评学校职称评聘、人才引进制度不合理是徒劳的,因为普通高校体育部门如果不能拿出一个完整的师资队伍建设方案,学校政策调整就没有依据可循;③体育学科建设最终目标应是行业特色,或是国内一流,或是国际知名,需要有一个明确的界定,现在很多普通高校体育学科建设缺乏明确的目标;④特色,它是普通高校体育学科建设最宝贵的特质。特色是什么?如何把特色转化为学科优势?体育部门需要制订切实可行、贴合实际的发展规划。

普通高校体育学科建设不是一个投机性或趁乱取利的随机行为,普通高校进行体育学科建设已经度过了萌芽年代,正进入有序发展的高水平时期,所以不应茫然前进,需要制订真实有效的发展计划,明确普通高校体育学科发展的方向。

3. 加强科研的驱动力

学科是知识积累到一定阶段的产物,没有科研,就没有知识创新,学科建设就是无本之木,会缺乏长远发展的动力,所以忽视科研工作,无异于对体育学科建设釜底抽薪。由于普通高校体育学科建设往往独辟蹊径,旨在培养体育特色专业人才(如D大学培养户外运动专业人才、S学院培养赛马专业人才),如果不能进行知识创新,一方面很难满足现代体育专业人才培养需要,另一方面将导致体育学科建设缺乏活力,因为传统体育学科对新兴学科建设的借鉴价值有限,普通高校体育部门必须重视科研,将特色体育知识转化成可以推广的技术或理论体系,只有这样才能建设特色体育课程,凸显特色体育专业人才培养成效。

(1)集合现有优质师资成立研究机构,使科研工作从普通高校体育事业发展的整体工作布局中转化一项重要的业务。大多数普通高校体育工作的核心职能依然是公共体育教学、群众体育、运动训练,科研工作不受重视,甚至在日常管理中没有将其视为一项业务(例如没有专职科研秘书、没有制定科研工作管理或奖励政策、没有支持师生开展科研工作的常态化机制),不利于激发师生科研积极性,也使科研工作处于自由发展的状态,这可能是普通高校体育科研产出偏低的重要原因。

(2)制定培育性的科研管理政策。普通高校体育部门目前还没有形成良性科研成果生产机制,而鼓励性政策是推进科研工作提质升级的关键举措,只有让

师生感觉到科研工作与自身的利益息息相关,才有可能调动师生的科研积极性。体育科研管理模式不能参照体育专业院校,因为普通高校体育科研相关工作尚处于起步阶段,而且缺乏必要的支持,唯有得到高校的大力帮扶,才能转变师生对科研工作的重视态度,才会激发师生的科研积极性,科研工作才能落到实处,否则加强科研只会流于口头。

(3)构建科研与学科建设的联系机制,将科研成果快速转化为人才培养资源,既是"学研结合"的现实体现,也能够增强教师的工作成就感,同时满足学生学习的获得感。但现在普通高校体育学科建设与体育专业人才培养机制之间没有形成良性互动,科研成果转化利用主要靠教师的自觉性,所以体育部门需要搭建学术报告、科研论坛、论文沙龙、专业教材编写等平台,积极转化并利用优质科研成果。

(4)增加科研投入,激发科研产出。投入—产出之间的因果关系提醒普通高校应该加强科研投入,但是大部分普通高校仍不愿意加大科研投入。一方面其他业务需要大量经费,另一方面没有建立扶持体育科研投入的机制,而且体育科研投入产出周期长、风险大,所以普遍采用科研奖励的方式来实现投入。这种做法会妨碍体育科研工作的发展,因为没有投入,教师就难以开展科研工作(寄希望于他们自己先投入,这种可能性较小,他们会将科研投入与其他工作投入成效相比较),最终也很难拿到科研奖励,所以形成了一个恶性循环:师生开展体育科研的热情不高,学校支持体育科研的积极性不足,体育科研发展水平长期低位运行。另外,受普通高校整体科研奖励制度的影响,特别是部属高校,针对人文社会学科的科研奖励力度偏低,对科研积极性的刺激作用有限,例如 D 大学对资助经费超过 50 万元的纵向科研项目给予科研补贴,而体育类纵向科研项目中只有国家社会科学基金重大项目才能达到该条件,其他级别的科研项目负责人既得不到配套科研经费支持,也没有科研项目奖励,因此很少有教师参与体育科研工作,绝大部分体育教师开展科研工作是为了评职称。如果没有前期投入,仅靠力度有限的科研奖励和职称评聘的压力来驱动体育教师开展科研工作,科研产出的质量和数量均会受到严峻挑战,很显然依靠"情怀"无法支持普通高校体育科学高质量可持续发展,要想将科研工作从个别行为转变成普遍工作,需要普通高校相关部门制定合理的激励政策。

4.加强师资队伍建设

师资必然是普通高校体育学科建设的排头兵,不论是普通高校开展体育学科创建工作,还是扛起体育学科发展的大旗,都得依靠师资力量。现在部属高校人才引进门槛高,能够提供给体育学博士的待遇有限(不少高校仅仅提供一份工作,甚至采取非升即走的管理措施),对高水平人才吸引力不足。大部分普通高校体育学科的办学层次不高(2023年软科中国最好体育学科排名前50%的高校中超过60%是体育专业学院和师范类大学的体育学院,而且大部分上榜的普通高校位于30%以后),综合待遇不高,职业发展前景有限,很难吸引高水平人才到普通高校任教,所以当前普通高校寄希望于通过社会招聘引进高水平体育专业人才的难度较大。同时普通高校从内部挖潜的难度也不小,这主要缘于普通高校体育师资队伍建设存在的历史性问题(长期重"术"不重"科")。因此可以从以下几个方面加强师资队伍建设:①选聘高素质硕士研究生,毕竟硕士研究生进入体育专业院校工作的可能性较小,如果普通高校能够给他们提供职业发展机会,将具有不小的吸引力。对聘任的优秀硕士研究生给予大力培养,争取短期内在职攻读博士学位,可能是一种有效的做法。②柔性引进专家学者,以他们作为学科带头人,带领中青年体育教师发展,例如浙江省某普通高校通过引进某国家级体育专业人才,学科建设成效显著攀升。③吸引与体育专业相关的本校优势学科师资进入教师体系,作为兼职教师,提高课程水平和专业学生的培养质量。普通高校体育师资队伍建设是长期遗留问题,现在受制于全局性的影响,通过引进或内培予以解决的时效性较差,应该积极采取措施,对公共人才资源进行有效利用。

六、重视专业建设

经过多年的发展,普通高校体育学科建设确实遇到了瓶颈式困难,部分普通高校对体育学科建设已经显示出"可有可无""支持乏力"的"疲惫"态度,甚至认为普通高校应该回归到公共体育业务中来,无须搞学科和专业建设。普通高校体育学科建设成果来之不易,是几代人努力的结晶,遇难而弃既对不起先辈的付出,也对晚辈的努力无法交代,但是勉力前行并非良策,所以要抓住体育学科建设的关键点。体育专业是普通高校体育学科建设的着力点,体育专业建设的好坏直接关系到普通高校体育学科建设的存亡,因为社会评价和教育部学科评估直接针对专业建设水平,所以普通高校体育学科建设必须重视体育专业建设:①加强专业学生培养,使他们德才兼备,能在就业市场上占据主动,赢得良好的社会口碑;②密切联系社会实际,培养符合社会需要的人才,增加学生就业率;③扩大专业社会宣传,通过社会服务、实习等工作将专业实力展现出来;④严格专业管理,在课程建设、教学质量、学生培养质量评价、毕业论文等方面均建立科学的管控制度,从制度上保证人才培养质量;⑤专业特色化的具体体现是专业学生能力的特色化和人才培养模式的特色化,所以公共体育部要着重打造特色化的人才培养平台。如果说科研是体育学科发展的能源,那么体育专业是带动体育学科发展的发动机,所以普通高校应该认识到体育专业建设的重要性,积极推进体育专业建设。

七、小　结

普通高校体育部门开展体育学科建设工作已经有20余年的历史,既有蓬勃发展的成果,也有进退为难的困窘,现在审视普通高校体育学科建设的发展问题,旨在帮助大家认清困难,找到解决问题的办法。

(1)师资队伍和科研水平是影响体育学科建设的两个关键因素,这既是制度导致的结果,也是历史遗留的问题,必须着力解决,否则会影响体育学科的发展。

(2)特色化是普通高校体育学科建设的基石,H省普通高校体育学科建设单位普遍能够利用本校优势学科。由于缺乏有效的合作机制,体育学科想利用优势学科资源,但优势学科资源如何被利用的问题始终未能合理解决。普通高校体育教师以技能见长,优势学科以理论见长,可以考虑综合利用优势学科师资带动体育学科课程建设、人才培养和科研工作。

(3)科研是体育学科建设的能源,体育专业是体育学科建设的发动机,所以普通高校体育部门应该加强科研工作,加大科研投入,激发师生科研积极性,将科研塑造成以知识创新为目的的科研,这样才能为专业建设注入生命力,继而高水平的专业将带动体育学科建设长远发展。

(4)普通高校体育学科建设陷入政策陷阱,一方面受到校本政策制度的限制,另一方面受到公共体育教学、群体、运动训练等长期公体工作制度的牵制,所以开展体育学科建设,如果涉及到资源分配问题,很难得到学校支持,以及体育部门的内部认同。面对这种困局,普通高校体育部门应该尽快制定符合自身实际和发展需要的政策制度,在人才引进、师资队伍建设、科研水平提升、专业建设、学科发展规划等方面避免受优势学科的影响。

第三章　加强体育学科建设，夯实体育专业学位硕士研究生培养基础

（5）普通高校体育学科建设的时间不长，尚处于培育期，投入和支持是保证体育学科建设可持续发展的前提。现在我国普通高校已经度过了追求多学科的时期，而且教育部学科评估条件趋严，体育学科混在普通高校学科体系中吃大锅饭的日子渐行渐远，体育学科建设面临"断奶"的危险，所以普通高校体育部门需要强调特色，突出长远发展成效，积极争取学校的支持，才能保证体育学科建设可持续发展。

（6）加强体育学科与优势学科的联系，积极利用优势学科的课程和师资，将体育学科融入学校优势学科生态，这既有利于体育学科提质升级，又能得到优势学科的保护，从而推动体育学科进入良性发展轨道。

第四章 狠抓课程建设，突出人才培养亮点

招生质量下降、指导力量不足、教育资源有限、课程设置不合理等被认为是影响体育学科硕士研究生培养质量的重要因素（孙冰洁，2007），但这些问题依然明显存在于我国普通高校体育学科硕士研究生的培养实践中。在努力推进体育学科硕士研究生培养质量的过程中，大部分学者将视角集中在诸如上述的外部因素上，很少从培养过程探寻解决方案之道。在体育学科硕士研究生的培养体系中，课程学习是实现研究生培养目标、保证研究生培养质量的重要环节，各种相关因素最终要以一定的方式通过课程教学实现其培养目标，培养环境只是增益课程教学效果的基础。事实上，当前我国体育学科硕士研究生的招生质量、指导力量等因素较之改革开放之初已经取得了长足的发展，但培养质量相距甚远。

研究生课程设置是其培养过程中的一个重要环节，是人才培养目标的具体体现，是保证研究生培养质量的重要因素（陈至立，2007；王家宏等，2006）。再好的教育资源也必须通过教育过程才能发挥效应，除了科学设置研究生的课程体系，还应该设计有效的课程教学模式，将课程培养价值实际转化为研究生的创新能力。

一、普通高校体育硕士点课程设置改革研究

课程是培养研究生素质的主要途径（王斌等，2001），我国普通高校体育硕士点建设起步较晚（2002年清华大学等6所高校是第一批正式获准培养体育专业硕士研究生的单位）（游茂林等，2010），硕士点建设初期，由于缺乏培养高层次、高素质体育专业人才的经验，普遍参照体育院校培养同类型硕士研究生课程设置。这种做法具有一定的时代性，能急时缓解燃眉之急，却不利于学科长远发展，因为无法有效依托和利用普通高校蕴含的优质非体育教育资源，而且与普通高校体育学科硕士点自身的师资特色、生源结构、招生规模、培养目标等也不符。

本研究以D大学体育学科硕士点为例开展实证研究，查阅有关硕士研究生课程设置的文献资料，深入了解体育专业硕士研究生课程设置的理论基础。访谈在读硕士研究生和任课教师对现行课程体系的改革建议，结合该单位多年培

养体育学科硕士研究生的工作经验,构建新的课程体系。本研究重点突出以下几点:本校体育专业特色、本校研究生教育特色、本单位师资特色、就业能力需求等。邀请H大学体育学院W教授(院长、博士生导师、长江学者)和Z教授(博士生导师、国际级裁判员)、D大学教育学院L教授(博士生导师、二级教授)、H大学体育部L教授和X教授(全国体育教学指导委员会委员)、W大学体育部T教授(体育部主任)对新课程体系进行专家评判,根据他们的意见予以相应修改,然后邀请D大学在读体育学科硕士研究生(32人)对新课程进行评价(如对课程的满意度、培养价值、培养特色等),在此基础上做进一步修订,形成具有D大学特色的体育专业硕士研究生课程体系。

1. 普通高校体育学科硕士点办学的特殊性

由于教育背景和对象造成的师资队伍建设和教育资源储备不同,使普通高校体育学科硕士点培养体育专业硕士研究生存在以下特征:①与体育院校相比,招收的体育专业硕士研究生在知识背景、学习需求、学习动机等方面存在特殊性(突出校本特色);②自有师资力量无法承担体育院校硕士点的课程体系;③体育院校课程设置的培养目标与普通高校体育学科硕士点不同;④特色体育是普通高校体育学科硕士点办学的核心。

2. 影响普通高校体育学科硕士点课程设置的主要因素

影响普通高校体育学科硕士点课程设置的主要因素包括培养因素、教育资源、招生因素和专业因素,如图4-1所示。①课程设置为实现培养目标服务,应使研究生具有符合社会需求和职业生涯发展的能力。②师资特色和可利用教育资源是课程设置的前提,充分考虑这两个因素,才能做到:设课有人开,开课有人上。特色教育资源和特长教育资源是普通高校体育学科硕士点的优质教育资源,可以培养学生的专业能力,形成就业优势。③课程设置应遵循专业特色,如体育教育训练学与体育人文社会学专业硕士研究生的课程设置应有区别,前者注重体育教学、训练等素质的培养,后者注重体育科研能力的培养。④招生规模小、本科阶段非体育专业学生(体育特长生)比例大、优质生源少等是普通高校体育学科硕士点课程设置不可回避的现实问题。

3. 课程设置改革的基本目标

普通高校体育学科硕士点成长、发展、运行于比较特殊的时代背景,在培养体育专业硕士研究生的过程中,课程教育的困难主要表现为:①现有的师资结构很难满足传统体育院校专业理论教学的需要;②普通高校蕴含的非体育专业优质教育资源没有被充分利用;③体育学科硕士点储备的教育资源与硕士研究生

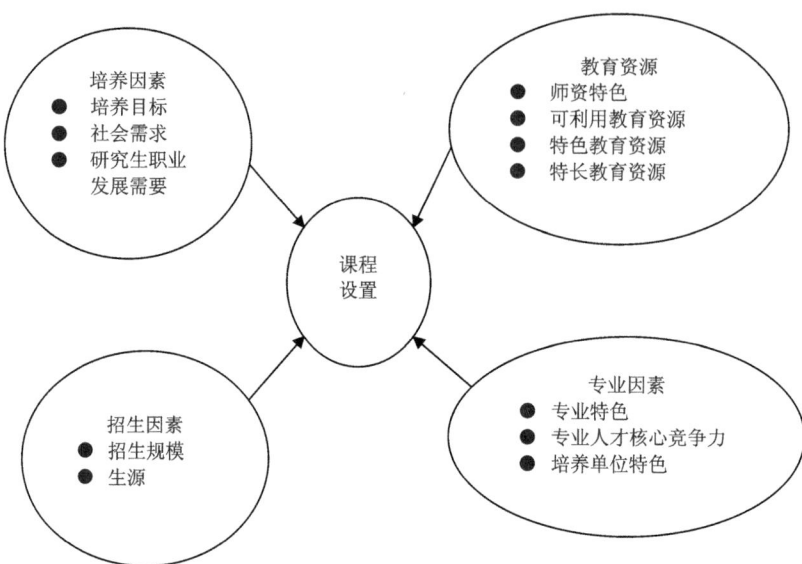

图 4-1 影响普通高校体育学科硕士点课程设置的因素模型

日益增长的多元化知识技能需求的矛盾日益突出;④生源结构中,非体育专业学生比例较大,优质生源较少,适应传统体育院校硕士研究生的课程教育模式有一定困难。简而言之,普通高校体育学科硕士点照搬体育专业院校硕士点的课程设置,既吃不消,也不能突出特色,所以课程设置改革已迫在眉睫。可以从以下几个方面进行改革。

(1)围绕普通高校体育学科硕士点的培养任务制订课程体系。体育学科硕士点人才培养目标有别于体育专业院校,将培养符合现代社会需求的高素质人才作为培养目标的定位,使学生不仅胜任体育教师,更能承担其他多种社会体育工作(如体育赛事组织与运营、裁判员、社会体育指导员等)。

(2)凸显培养特色。拥有特色教育资源是普通高校体育学科硕士点的发展基础。例如 D 大学的户外运动、HL 大学的体育工程与材料科学、LG 大学的丝绸之路体育文化研究等。对普通高校体育专业硕士研究生的培养应突出特色知识和能力,形成具有排他性、独立的专业素质和特长,从而具备就业竞争力。

(3)充分利用校内外优质教育资源。普通高校体育学科硕士点应破除自我办学、校内办学的封闭思维,根据研究生培养的需要,整合师资力量、教育资源,选聘校内外优秀教师承担专业课程教学,既保证了课程教育的质量,也使研究生的教育思想多元化。

(4)突出学校特色。普通高校是体育学科硕士研究生成长的大环境,应掌握凸显学校特色的知识。例如D大学的体育学科课程紧贴地学、资源、环境类的基本知识和户外运动方面的专业知识。

(5)契合社会需求。社会需求是人才培养的前提,课程设置首先应预测未来的社会需求并考虑培养学生具有符合社会需求的专业素质。

4.课程设置改革实践

我国现有近100所普通高校承担培养体育专业硕士研究生的任务,各校具体情况不一样,难以编制统一课程体系。本研究以D大学体育学科硕士点为例,试图为我国普通高校体育学科硕士点课程设置改革发挥一定的示范作用,改革后的课程设置情况如下。

(1)课程类型。由于大部分普通高校体育学科硕士点招生数量有限,其选课制度缺乏可操作性,课程类型可分为公共课和专业课(表4-1)。公共课由学校统一制定,专业课由硕士点自行制定。根据体育专业硕士研究生的培养需要,专业课分为基础课、方向课、理论课和技术课。

表4-1 课程类型设置表

课程类型		修业类型	课程内容
公共课	学位课	学位课程（必修）	科学社会主义理论与实践、马克思主义经典著作选读、硕士研究生英语
	选修课	非学位课程（任选1门）	地球科学概论、国土资源概论、水资源与环境
专业课	基础课	学位课程（必修）	体育教学论、运动训练学、户外运动理论与实践、高等教育导论
	方向课		一般运动教学、训练理论与方法课、户外运动教学、体育科学研究方法、体育统计学
	理论课	非学位课程（必修）	SPSS软件应用、体育教育心理学、户外运动竞赛组织与管理、运动生理学、体育管理学
	技术课	非学位课程（任选1门）	攀岩、登山、户外运动
		非学位课程（任选1门）	瑜伽、羽毛球、跆拳道

(2)学分设置分析。根据相关规定,体育学科硕士研究生最少应修满28学分,其中学位课程不少于18学分,非学位课程不少于10学分。课程学分设置如表4-2所示。

表4-2　课程学分设置情况表

课程类型		学分数	占总学分的比例/%
公共课	学位课	7	20.59
	选修课	2	5.88
专业课	基础课	7.5	22.06
	方向课	4	11.76
	理论课	10.5	30.88
	技术课	3	8.82

该课程设置,需修满34学分,其中公共课占26.47%,专业课占73.53%,公共课与专业课学分比约为1∶4,突出了专业知识学习的重要性。此外,学位课程18.5学分,非学位课程15.5学分,增加非学位课程学习的强度,有利于扩大学生的知识面。

(3)学时设置分析。为了保证体育专业硕士研究生具备较强的专业基础知识和专业技术水平,学时设置中,专业理论课和技术课的学时虽然较少,但课程门数较多。专业课学时数占总学时数的67.11%,专业课与公共课的学时比约为2∶1,这样的学时安排有助于体育专业硕士研究生专业素养的发展(表4-3)。

表4-3　学时分布情况表

课程类型		分项	总计	占总学时的比例/%
公共课	学位课	科学社会主义理论与实践(30)、马克思主义经典著作选读(40)、硕士研究生英语(140)	210	27.63
	选修课	地球科学概论、国土资源概论、水资源与环境任选3门课中的1门(40)	40	5.26

续表 4-3

课程类型		分项	总计	占总学时的比例/%
专业课	基础课	体育教学论(40)、运动训练学(40)、户外运动理论与实践(40)、高等教育导论(30)	150	19.74
	方向课	一般运动教学(40)、训练理论与方法(40)、户外运动教学(40)	120	15.79
	理论课	体育科学研究方法(30)、体育统计学(30)、SPSS软件应用(30)、体育教育心理学(30)、户外运动竞赛组织与管理(30)、运动生理学(30)、体育管理学(30)	210	27.63
	技术课	攀岩、登山、户外运动、羽毛球、瑜伽、跆拳道任选1门(30)	30	3.95

(4)课程内容设置分析。公共课由学校统一制定,本研究主要分析专业课程内容设置情况。4门专业基础课主要体现学科特征和"教育""训练"类素质培养的需要:①"体育教学论"和"运动训练学"是为了符合"体育教育训练学硕士点"的专业属性而开设,作为该专业的硕士研究生,应具备较好的体育教学和训练知识;②"户外运动理论与实践"是优质和特色的教育资源,用以培养研究生的特色素质;③"一般运动教学""训练理论与方法""户外运动教学"分别按研究方向授课,以培养较强的专业素质为目的;④体育教学、训练等与教育有关的工作将是本专业硕士研究生职业生涯发展的重要起点,有必要掌握基本的教育学理论,因此开设"高等教育导论"。

7门专业理论课用于培养体育专业硕士研究生的科研能力、体育基础知识和体育应用知识(表 4-4):①科学研究方法和统计分析知识是基础;②生理和心理是体育专业学生的必备知识,有必要巩固和加深其相关知识的学习;③增加管理类知识的学习,有助于扩大本专业研究生的职业发展方向。

表 4-4　专业理论课设置分析

培养目标	课程
科研能力	体育科学研究方法、体育统计学、SPSS 软件应用
体育基础知识	体育教育心理学、运动生理学
体育应用知识	户外运动竞赛组织与管理、体育管理学

运动能力是本专业研究生的基本素质之一,从事体育教育相关工作,更应掌握一定的运动技能。由于生源的特殊性,对于相当数量本科阶段非体育专业的硕士研究生,开设专业运动技术课有利于增强他们以后工作的胜任能力(表 4-5):①攀岩、登山和户外运动是特色教育资源,也是风靡全球的时尚休闲运动,要求体育专业硕士研究生作为必修技术课程;②D 大学具有培养优秀羽毛球、瑜伽和跆拳道高水平运动员的丰富经验,同时这三项运动广受大众欢迎,具有较好的就业前景。体育专业硕士研究生从入学开始修读运动技术课程,通过独立开班、单独授课、与校运动队一起训练等多种方式完成学习计划。

表 4-5　专业技术课设置分析

课程类型	课程
特色技术(必选)	攀岩、登山、户外运动
特长技术(选修)	羽毛球
新兴技术(选修)	瑜伽、跆拳道

5.研究概述

课程是培养研究生专业素质的核心途径,课程设置不完善,将直接影响培养的质量,很多考生报考体育专业硕士研究生,是冲着特色学科资源和特色体育项目而来。由于普通高校体育学科硕士点的特殊运行模式,在借鉴体育院校、教育学院等相关学科课程设置的基础上,应充分考虑自身特色(如办学特色、招生规模和生源、可资利用的教育资源、培养目标等),设置相应的课程体系,向社会呈现招生吸引力:①普通高校培养体育专业硕士研究生在课程设置方面应加强专业素质教育,以弥补研究生招生环节的不足;②将体育专业硕士研究生培养目标定位为适应现代社会需求的高素质人才,加强专业知识、特色知识、社会需求素质的培养;③充分发挥体育学科硕士点蕴含的特色教育资源价值,使它成为培养研究生具有排他性的特色专业素质;④根据培养目标的需要制订课程,多元化组合教育资源,从校内外选聘优秀教师教学,在保证较高的课程教育水平下确保研究生的培养质量。

D大学体育学科硕士点改革后的课程体系着重发挥两个作用:①凸显硕士点的培养特色。拥有特色教育资源(户外运动)是该体育学硕士点的发展基础,所以对体育学硕士研究生的培养应突出特色知识和能力,形成具有排他性的、独立的专业素质和特长,从而具备就业的特色竞争力;②突出学校特色。学校是体育学硕士研究生成长的大环境,应掌握凸显学校特色的知识,例如D大学地学、资源、环境类的基础知识和户外运动方面的专业知识。

二、体育学科硕士研究生课程教学模式改革实验研究

教学模式是为完成特定的教学计划而设计的,是具有规律的教学策略,是在丰富的教学实践基础上创新概括设计的教学诸因素的结构、活动组合及其相应策略(包学雄,2006)。现行体育学科硕士研究生课程教学模式存在流于形式的现象,导致学生认为教师只会"纸上谈兵"。特别是网络传播日益发达,很多硕士研究生逃课的理由是:"老师讲的东西我上网都能查到。"当前考虑体育专业硕士研究生培养质量有待提高的原因:课程教学模式不合理是重要的一方面。随着我国研究生培养机制改革的推进,课程教学模式改革已成为相关研究的重点,以将前期研究成果落到实处。

本研究以D大学2008级、2009级和2010级体育教育训练学专业硕士研究生(分别为7人、9人和10人)为研究对象,以专业学位课"运动训练学"为例,进行为期3年的实验研究,探讨课程教学模式改革的培养效果。

1. 课程教学结构改革

经过3年的改进和总结,体育专业硕士研究生的"运动训练学"课程教学包括6部分:专题讲座、自学、教学实践、论文报告、调查报告和考试,分配相应的学时,有针对性地培养研究生素质(表4-6)。

表 4-6 "运动训练学"课程教学结构改革方案

教学结构	课时	占总课时比例/%	培养目标	教学内容
专题讲座	16	40	核心专业知识	运动训练学研究进展;项群理论研究进展;运动训练管理;运动心理训练学
自学	4	10	发现问题和解决问题的能力	思考题:结合时事,发现运动训练学中存在的重要问题,并自学寻找答案。学生完成课堂作业,教师逐个进行点评,并反馈意见
教学实践	4	10	①教学能力;②发现教学问题的能力	设计一次15分钟的技术教学课,必须完成教案、教材准备和教学。教学结束后,其他同学必须至少提出一个问题,然后教师进行点评
论文报告	4	10	学术报告的能力	学生自选一个关于运动训练学问题进行调研,然后准备一次10分钟的答辩报告,其他同学和教师现场提问。按照正规学术报告模式进行管理
调查报告	8	20	科研能力	指导学生实施调查,分析调查数据,并完成调研报告。调研工作课后进行,学生在上课期间报告调研工作进展,教师指导学生解决实际问题。鼓励学生组建调研小组,但必须分开撰写不同主题的调研报告,这相当于课程论文
考试	4	10	巩固专业知识	考核和巩固学生对本课程主要知识的掌握情况

改革后的课程教学形式多样,教学场地包括教室、运动场和野外,首先,增强了教学的趣味性,减轻了学生的学习心理疲劳;其次,教学模式组合实现"课内外一体化",通过电话、电子邮箱、微信、QQ等现代通信手段进行课后指导;此外,削弱了教师的主导地位,教学环节中增加了学生主体性的比重,有利于提高他们学习的积极性。

2.课程教学模式改革的培养效力

新课程教学模式着重培养体育专业硕士研究生运用理论知识的4项基本能力:科研能力、实践能力、表达能力和问题发现能力(图4-2)。

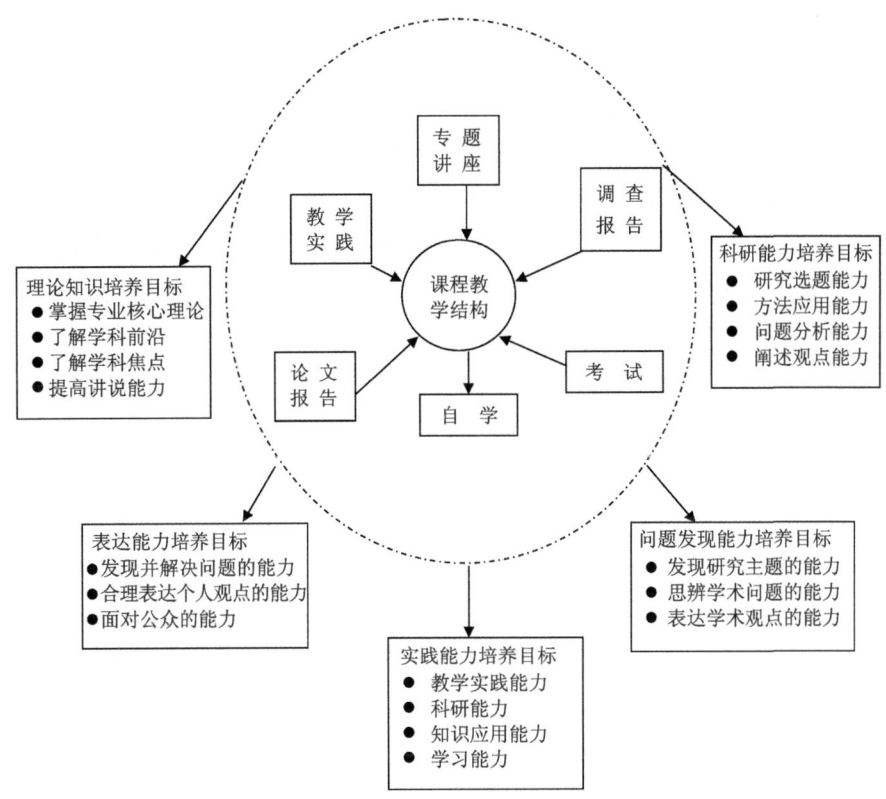

图4-2 新"运动训练学"课程教学模式培养效力模型

3.课程教学模式改革效果

通过比较2008级和2010级研究生对本课程培养效果的评价(评价指数分5级,5分为最好,1分为最差),可见新课程教学模式是合理的(表4-7)。

表 4-7　改革前后体育学科硕士研究生对课程培养效果评价的比较

评价指标	2008 级	2010 级	检验结果 T
培养价值	4.057 10±0.629 44	4.360 00±0.782 02	.202*
满足学习需要	4.143±0.9	4.6±0.699	.456**
综合素质培养	3.857±0.69	4.1±0.876	.142*
实践能力培养	4.286±0.756	4.5±0.972	.213*
符合社会需要	4.0±0.816	4.5±0.707	.497**

注：*为显著性 $p<0.05$；**为显著性 $p<0.01$。

4.研究概述

新课程教学模式突显学生在教学过程中的主体地位，并使教师从"讲授"者转为"引导"者，将学生自学和教师辅导有机结合起来，着重培养体育专业硕士研究生的实践能力、创新能力、思辨能力、表达能力和问题发现能力。多样性的教学方式、紧凑变化的教学内容、体现学生主体地位等，都有利于提高学生的学习能力。

通过课程教学模式的改革，努力培养体育专业硕士研究生的综合素质，使他们成为拥有一定深度的专业理论知识、能够承担一定强度的体育实践任务、具备开展一定水平的体育科研工作、能够思辨和表达个人专业观点的人。

基于实验结果，研究建议：①体育专业硕士研究生课程培养目标应重视"掌握"和"应用"；②着重培养体育专业硕士研究生的综合素质，使他们成为应用型、开拓型的人才；③发挥研究生在课程学习中的主体地位，充分调动他们的学习积极性，变被动接受为主动纳入；④重视培养体育专业硕士研究生的表达能力和思辨能力，提高学术敏锐感。

第五章 提升师资水平,保障人才培养质量

普通高校体育工作既是一个国家体育文化水平的体现,也事关一所大学的"颜面",所以现代高水平大学都很重视体育工作。普通高校各项体育工作由体育教师承担,他们是体育工作的主导者,将诸要素连接起来发挥作用,所以普通高校体育师资队伍水平直接决定一所大学的体育工作质量。现代普通高校体育工作主要包括公共体育教学、群众体育、运动训练、体育科研、体质测试等,只有打造一支与之相匹配的师资队伍,才能保证新时期普通高校体育事业的健康发展。

但是我国普通高校体育师资队伍建设受学校人事政策、同行示范作用、自身发展需要等因素的影响,现在更加重视新聘教师的学历和科研成果。普通大学体育工作毕竟不能与体育科学研究所或专业体育院校相提并论,科研工作在横向(与体育专业院校相比)与纵向(对本校学科建设的贡献)两个维度上都难以有卓有成效的产出,公共体育教学、群众体育、运动训练、特色体育等重要业务缺乏专业教师团队。普通高校体育师资队伍建设切忌盲目效仿,普通高校公共体育师资的科研工作很难与体育科学研究所或专业体育院校相媲美,所以普通高校体育师资队伍建设应突出特色、强调重点和明确方向。

一、新时期普通高校体育教师的胜任特征

时代在发展,大学体育工作也在变化,例如 20 年前金牌就是成绩,而现在可能一篇论文定成败,许多优秀体育教师的职称评聘被挡在论文的门外。这种重科研轻专业的大学体育教师可能受全校师资队伍建设的影响,例如20 年前 D 大学体育教师中只有 1 名教师拥有硕士研究生学历,而现在教师博士生比例超过40%,可见现代大学体育教师的胜任特征发生了改变:①需要具备优良的师风师德、广博的理论知识、先进的教学理念等基本素养,这是成为一名优秀体育教师的基础条件。②具备扎实的运动技能、强健的体魄。学生向教师学习,体育教师只有具备过硬的运动技能和健康的身体形象,才能给学生树立正确榜样。③能

够开展一定的运动训练。随着我国大学体育教育的深化改革,学生体育社团和高水平运动队将成为大学体育工作的中流砥柱,如大学体育联盟应是大势所趋。④具有一定的科研水平。大学在变化,大学体育工作也随之而变,所以大学体育教师需要结合自身工作实践开展一定的科研工作,以创新教学、训练、群体工作模式,提高工作质量。⑤要有良好的社会交往能力。大学体育工作重在实践,如果师生关系搞不好,就会影响体育课教学质量;运动队关系搞不好,就会影响竞赛成绩。良好的人际关系是大学体育教师开展体育工作的基础。

现代普通高校体育教师除具备上述5种能力外,还应具备自我发展、心理调控、信息化教学等其他相关知识,但把这些要求都放在一名普通高校体育教师身上,类似于追求完人素养,所以普通高校体育师资队伍建设应该秉持"人尽其长"的观念,通过提升师资队伍的整体能力来发展体育工作。

二、我国普通高校体育师资队伍建设面临的问题

普通高校体育师资队伍建设受全校师资队伍建设政策和全国大学体育教师队伍发展潮流的双重影响。

首先,体育学科在普通高校学科系统中处于下游,优势学科师资队伍建设起点高、发展快,体育师资难以伴随其成长,例如一些优势学科教师博士化率和出国率接近100%,还有院士、长江学者、国家百千万人才工程入选者等人才,而体育教师队伍里至今没有成长出院士,长江学者和国家百千万人才工程入选者等国家级人才入选者也是屈指可数。这是普通高校体育师资队伍建设存在的客观困难,但学校科研奖励、职称晋升等政策优先考虑的是优势和潜在优势学科的发展需要,导致普通高校体育教师"被顺带"要求发表高水平论文、参加计算机等级考试、出国留学、争取国家级课题、攻读博士学位等,这背离了普通高校大学体育教师队伍建设的常态。

其次,我国专业体育院校的发展增加了对高学历科研型人才的需求,同时培养出越来越多的体育专业研究生,需求和供给同时扩张的背景下普通高校体育师资队伍建设也萌生追求高层次人才的想法。受学校政策压力和专业体育院校的示范影响,普通高校体育师资队伍建设逐渐偏离主业,开始认为"高学历和科研强"也是新聘大学体育教师的核心特质。

经过最近几年的发展,我国许多普通高校体育师资队伍呈现出:学历结构越

来越高、公共体育工作质量降低、科研水平不见起色。能够扛起公共体育工作的中老年教师职称上不去,考核不合格,而考核成绩优异的青年体育教师却没有足够的能力指导高水平运动队、组织不了群众体育活动、上不好公共体育课、对学生体质测试不达标束手无策。

三、影响普通高校体育师资队伍建设的主要因素

影响我国普通高校体育师资队伍建设的主要因素包括:①人事政策。高校职称评聘、教师聘期考核工作经常看是否有论文成果,尤其是普通高校政策受理工科思维的影响,不少高校领导层认为发表中文核心期刊论文很容易,迫使许多体育教师将大量精力投入到自己并不擅长的科研工作上去,结果面对体育工作疲于应付,同时严重打击了中老年体育教师的工作积极性,因为他们对公共体育工作作出了大量贡献,成效明显,却得不到认可,而搞科研已经"心有余而力不足"。②工作质量评价的导向作用。体育课上得好坏,没有明确标准;群众体育活动搞得好,但无益于职称评聘和聘期考核;高水平运动队难出成绩。相比之下,只有科研工作取得成绩才能够得到认可,所以大学体育工作安排与体育教师切身利益脱钩。③师资队伍建设的大环境。由于高校师资力量整体发生改变,促使不少高校制订了"全员博士"和"全聘博士"的人事工作目标,而体育教师选聘常常拉全校人事工作的"后腿",所以人事部门"催着"体育部门聘用博士学位体育教师,同时兄弟院校的示范作用也难免产生攀比心理。④师资供给条件的变化。普通高校体育师资主要来源体育专业院校的毕业生,由于体育专业院校掌握着体育师资分配的主动权,流向普通高校的体育教师综合质量受到影响,人才培养单位通常会将高水平人才留作自用。

我国普通高校体育师资队伍建设已经呈现出脱离公共体育本职工作的风险,理想中的"文武双全""能文能武"型体育教师稀缺。普通高校在制定体育教师管理政策时并未重视公共体育工作发展需要,总是要求体育教师提高科研水平和追求高学历,忽视了体育教师以"技"育人的特点,造成不少普通高校囤积了一批拥有高学历,却"文(科研)不能文、武(体育)不能武"的新型体育教师。

四、普通高校大学体育师资队伍建设发展的建议

受政策条件、工作导向、育人环境、师资供给等因素的综合影响,我国普通高校体育师资队伍建设陷入误区,随着高学历、科研型教师的加入,尤其是承担体育学科硕士点的建设,普通高校体育工作的本质属性和体育教师的核心素质逐渐学术化,部分普通高校在体育学科硕士点的牵引下,利用极为珍贵的用人指标引进科研型人才,研究实力看似增强,但能够承担公共体育教学、组织群众体育活动和带领高水平运动队训练的教师数量在减少。如果普通高校不能很好地履行公共体育事务,会影响体育学科硕士点的发展,而普通高校体育工作不像专业体育院校那样,所以师资队伍建设应符合实际需要,注重引进应用型人才、加强青年教师培养、创造专才发展平台,避免受全校人事政策的影响(不少高校人事处喊出"只进博士"的口号),打造一支能够肩负新时期大学体育工作的优秀教师队伍,需要从以下几个方面入手。

(1)普通高校体育部在人事部门的指导下,合理制定体育教师职称评聘条件和科研奖励政策。学校出台的相关政策是从学校工作全局出发制定的,体育工作是学校工作的一部分,在学校层面重点关注体育工作中的优点,所以体育师资队伍建设的实际情况并不一定能够真实地反映出来。体育部领导班子应在争取人事部门的支持和指导下,制定符合体育教师特征和学校体育工作需要的管理政策,这些政策不是对学校政策的修补,而是满足学校体育工作发展需要的现实写照。

(2)新教师选聘应重视体育综合能力。大学体育工作毕竟不像专业体育院校那样,而且普通高校学科发展也并不完全依赖体育科研成果,所以大学体育教师的核心任务是保证学生体质健康、组织开展丰富多彩的群众体育活动、培养高水平运动员、上好体育课,这些成绩需要脚踏实地地开展相关工作,需要体育教师具备相应的业务能力,而不是纸上谈兵。

(3)重视体育教师培养。我国体育专业学生的培养模式中依然缺乏实践环节,毕业生素养受此影响,不可能像老教师那样熟悉业务,与其寄希望于招来优秀体育教师还不如悉心培养已入职教师,因为根据普通高校的人才引进政策,大学体育部很难聘任成熟的优秀体育教师。鉴于青年教师的可塑性比较强,精力充沛、思想活跃、专业基础好,若能在入职最初的两三年时间里发挥以老带新的

传帮带作用、提供在职进修机会,有目的地培养他们,他们将快速成长为承担大学体育工作的中坚力量。

(4)实施体育专才计划。基于"术业有专攻""人用其长"等思想,结合普通高校体育工作特点,大学体育教师无须"全才",但应能够独当一面,因为每所大学都有几十名甚至上百名体育教师,无须将多种工作要少数人去完成,而应由一个专业团队承担一项任务,有利于保证工作质量。因此,应根据每个人的特长给予能力发展支持和成长通道,形成专业分化、多点开花的体育教师建设局面,最终形成合力,圆满地完成大学体育工作,其中包括将拥有科研潜力的青年教师培养成为优秀的体育科研工作者。

第六章　着力提高生源质量，助力人才培养方案有效落实

我国于2005年开始进行专业学位硕士研究生教育试点，从2009年起推行全日制硕士专业学位研究生教育，随后《教育部　国家发展改革委　财政部关于深化研究生教育改革的意见》（教研〔2013〕1号）鼓励"积极发展硕士专业学位研究生教育"，专业学位研究生教育成为研究生教育体系的重要组成部分，是培养高层次应用型专门人才的主要途径。为了保障专业学位硕士研究生教育质量，《教育部关于做好全日制硕士专业学位研究生培养工作的若干意见》（教研〔2009〕1号）、教育部与人力资源和社会保障部《关于深入推进专业学位研究生培养模式改革的意见》（教研〔2013〕3号）、《国务院学位委员会　教育部　国家发展改革委关于进一步加强在职人员攻读硕士专业学位和授予同等学力人员硕士、博士学位管理工作的意见》（学位〔2013〕36号）等文件对专业学位硕士研究生招生和培养做出了相关要求，提出"改革招生制度，建立符合专业学位研究生教育特点的选拔标准，完善专业学位研究生招生办法""支持和鼓励在职人员攻读硕士专业学位"等意见。生源是研究生教育质量提升的前提与保证（潘娟华等，2005），所以高校需要建立良好的专业学位硕士研究生招生机制。

我国体育专业硕士研究生教育始于2009年，王兴怀（2009）、赵君（2012）、常志利（2016）等在探讨体育专业学位硕士研究生培养时论及招生问题，受招生规模扩大、考生对体育专业学位硕士研究生教育依然存在认知偏见，普通高校处于体育专业学位硕士研究生生源下游等因素的影响，体育专业硕士研究生生源质量亟待提高。相比之下，普通高校公共体育部本身存在师资力量不足、课程设置有限、学科底蕴较浅等问题，同时培养体育专业硕士研究生的时间较短，要确保体育专业硕士研究生的培养质量，提高生源质量是摆在普通高校公共体育部硕士点面前的现实问题。

一、普通高校体育专业硕士研究生的招生困难

随着我国社会对高层次体育专业人才需求的增加，以及充分开发高校优质

第六章 着力提高生源质量，助力人才培养方案有效落实

教育资源的育人功能，普通高校公共体育部逐渐成为我国培养体育专业学位硕士研究生的重要力量，而且目前我国约1/4的体育学硕士点依托普通高校公共体育部办学（部分普通高校体育部门改名为"体育学院"，但实质上依然以承担公共体育事务为主），而且阵容还在扩大。不像体育院校拥有体育本科生这个稳定的生源库，可以保证招生数量和质量，普通高校体育学科硕士点的生源主要来自外部，受招生政策、办学力量、社会声誉等因素的影响，在办学历程中招生问题日益明显，因为学生是硕士点生存和发展的基础，如果不能招收一定数量和质量的研究生，将影响体育学科硕士点的社会价值，招生数量和质量关系普通高校体育学科硕士点的前途与命运，因此我国普通高校公共体育部需要改革当前的招生机制。

（一）招生现状

1. 规模小

调查发现，除清华大学和四川大学体育学科硕士点每届招生30人左右外，其他公共体育部硕士点每届招生人数都在10人左右。受报考人数影响，实际招生规模可能更小。以2010年的体育学科硕士研究生招生情况为例，清华大学体育部招生8人（含4名保送生），四川大学体育学院招生30人（含4名保送生），大连理工大学体育部招生2人、华中科技大学体育部招生6人（含4名保送生，1名调剂生），而同期华中师范大学体育学院招生96人（含6名保送生，23名体育硕士），湖南师范大学体育学院招生154人（含25名保送生，46名体育硕士），武汉体育学院招生331人，上海体育学院（现上海体育大学）招生260人（表6-1）。

表6-1 部分高校体育学硕士点招生情况比较

普通高校体育学科硕士点	招生人数	师范类/综合性大学体育学硕士点	招生人数	专业体育学院硕士点	招生人数
大连理工大学体育部	2人	湖南师范大学体育学院	154人（含专业学位46人，保送25人）	武汉体育学院	331人（含调剂39人）
南京理工大学体育部	5人（含保送1人）	东北师范大学体育学院	72人（含专业学位20人）	西安体育学院	218人（含专业学位50人，保送32人）
四川大学体育学院	30人（含保送4人）	华中师范大学体育学院	96人（含专业学位23人，保送6人）	上海体育学院	260人（含专业学位60人，保送25人）
清华大学体育部	8人（含保送4人）	苏州大学体育学院	98人（含专业学位27人）	首都体育学院	157人（含专业学位34人）

续表 6-1

普通高校体育学科硕士点	招生人数	师范类/综合性大学体育学硕士点	招生人数	专业体育学院硕士点	招生人数
南京大学体育部	5人（含保送1人）	广州大学体育学院	42人（含专业学位23人）	成都体育学院	307人（含专业学位75人，保送39人，调剂31人）
中国地质大学（武汉）体育学院	11人（含保送4人）	吉林大学体育学院	30人（含专业学位12人）		

(1)招生规模小影响正常的课程教学。研究生选课人数达到3人及以上才能开课，是高校研究生教育管理的规定，招生规模小将影响正常的课程教学，开课、教室安排、任课教师工作量计算等都难以正常进行，因此有的普通高校体育学科硕士点采用学生自学和导师辅导相结合的培养模式（如西安交通大学体育部）；有的硕士点采用两个年级合班教学的培养模式[如中国地质大学（武汉）体育学院]。

(2)招生规模小影响课程设置。课程是培养研究生素质的核心途径，加强专业知识学习，拓展知识面，是体育学硕士研究生课程改革的主要目标，由于招生人数少，普通高校体育学科硕士点很难开设专业选修课程，研究生多元化的知识需求难以通过课程教学方式予以满足。

(3)招生规模小影响普通高校体育学科硕士点的教育资源建设。调查发现，目前普通高校体育学科硕士点的图书室、实验室等教育资源不足，但是招生规模小，很难调动普通高校进行体育学科硕士点教育资源建设的积极性，因为投入/产出效益较低，教育资源建设成果难以充分利用。

(4)招生规模小不利于普通高校体育学科硕士点的长期发展。体育院系硕士点的培养规模基本饱和，近年来鲜有培养单位扩招，甚至有的院校减少招生人数，而我国培养高层次体育专业人才的任务更多地由普通高校体育学科硕士点承担。由于招生规模小，普通高校体育学科硕士点的社会价值尚未得到认可，社会声誉不高，生源中来自同层次高校的考生较少，某高校2022年招收53名体育学硕士研究生，除本校保送的2名生源外，其余考生均来自地方院校。生源质量不高也会削弱普通高校体育学科硕士点的办学积极性，还会导致社会支持与体育学科硕士点办学积极性锐减，不利于硕士点的长期发展。

2.生源不足

从 2002 年清华大学、四川大学等 6 所普通高校公共体育部取得硕士研究生培养资格以来,我国普通高校公共体育部硕士点已有 20 多年的发展历史,但社会知名度依然不高(不少考生反映,他们没有想到普通高校会有体育学科硕士点),加之普通高校制定的特殊招生政策,使当前体育学科硕士点生源不足,硕士研究生报考、复试人数明显偏低(表 6-2)。

表 6-2 部分体育学硕士点报考、复试人数情况

普通高校体育学科硕士点	报考人数	复试人数	师范类大学、综合性大学和专业体育学院硕士点	复试人数
大连理工大学体育部	12 人	2 人	上海体育学院	287 人（含专业硕士 60 人）
南京理工大学体育部	8 人	4 人	武汉体育学院	342 人
中国地质大学（武汉）体育学院	19 人	9 人	首都体育学院	191（含专业硕士 34 人）
四川大学体育学院	70 人	36 人	天津体育学院	132 人
清华大学体育部	30 人	6 人	西安体育学院	254 人
哈尔滨工程大学体育军事训练部	15 人	5 人	湖南师范大学体育学院	152（含专业硕士 46 人）
南京大学体育部	18 人	4 人	东北师范大学体育学院	97 人（含专业硕士 2 人）
东南大学体育部	9 人	2 人	苏州大学体育学院	102（含专业硕士 28 人）
中国石油大学（华东）体育部	19 人	7 人	山西大学体育学院	48 人（不含专业硕士）
上海交通大学体育部	10 人	4 人	广州大学体育学院	52 人（含专业硕士 33 人）
武汉理工大学体育部	16 人	8 人	吉林大学体育学院	30 人（含专业硕士 12 人）

生源是招生的基础,生源不足影响了普通高校体育学科硕士点的招生计划。通过全国统考,择优录取考生,是招生单位保证招生质量的首要举措,由于生源不足,普通高校体育学科硕士点难以从考生中招生,如 2009 年华中科技大学体育部计划招生 7 人,由于 4 名报考者的初试成绩均未达到复试要求,最终未能从考生中招生;2010 年东南大学体育部计划招生 5 人,最终只能从考生中招生 2 人。

3.复试选材困难

复试是保证研究生招生质量的重要手段,由于初试过线人数较少,普通高校体育学科硕士点的复试机制难以发挥选材作用,大部分普通高校体育学科硕士点的招生/复试比例为 100%(表 6-3),这就意味着普通高校体育学科硕士点难以通过复试进行研究生招生的第二次选材。

表 6-3 部分体育学硕士点招生/复试比例(不计专业学位)

	培养单位	招生人数	复试人数	招生/复试比例/%
普通高校体育学科硕士点	中国地质大学(武汉)体育学院	7	9	77.78
	大连理工大学体育部	2	2	100
	南京理工大学体育部	4	4	100
	清华大学体育部	4	6	66.67
	四川大学体育学院	26	32	81.25
	南京大学体育部	4	4	100
	东南大学体育部	2	2	100
	厦门大学体育部	8	8	100
	上海交通大学体育部	4	4	100
	华中科技大学体育部	2	2	100
	武汉理工大学体育部	7	8	87.50
师范类大学、综合性大学和专业体育学院硕士点	上海体育学院	200	227	88.11
	首都体育学院	126	157	80.25
	苏州大学体育学院	71	74	95.95
	山西大学体育学院	39	48	81.25
	湖南师范大学体育学院	83	106	78.30
	东北师范大学体育学院	70	95	73.68

4. 招生质量不高

招生质量是培养质量的基础,继而影响毕业生就业情况。在现行的招生制度下,普通高校体育学科硕士点缺乏一个像体育院系硕士点那样的生源"库",体育院系硕士点首先通过免试保研截留优秀的学生,再利用自身的社会影响力吸引优秀学生报考,使普通高校体育学科硕士点处于生源下游,难以保证招生质量。例如,华中师范大学体育学院、湖南师范大学体育学院和成都体育学院共录取 315 名考生,其中英语最高分 77 分(被湖南师范大学体育学院录取),英语 60 分及以上有 35 人、50 分到 59 分有 76 人、42 分到 49 分有 112 人,英语、政治均在 50 分及以上的有 102 人、42 分到 49 分有 120 人。相比之下,中国地质大学(武汉)体育学院和华中科技大学体育部的考生成绩较低(表 6-4),特别是普通高校体育学科硕士点考生的英语成绩显著低于体育学院考生(平均成绩低 6.246 5 分,$p=0.001$)。

表 6-4 部分体育学硕士点考生复试平均成绩比较　　　　单位:分

培养单位	政治	英语	专业课
华中师范大学体育学院	62.22	46.05	243.64
湖南师范大学体育学院	64.98	51.22	229.59
成都体育学院	56.22	45.30	232.57
中国地质大学(武汉)体育学院和华中科技大学体育部	60.80	40.90	252.30

虽然部分普通高校体育学科硕士点采用教育学分数线(如华中科技大学体育部),或自行设置分数线(如清华大学体育部复试要求政治、英语至少 50 分),形式上意在加大初试选拔力度,提高招生质量,实际上忽视了体育专业和普通高校体育学科硕士点的特色,毕竟普通高校体育学科硕士点的专业办学质量还难以与体育学院相比,过高的分数线削弱了普通高校体育学科硕士点的吸引力,为此难以招收优秀考生(表 6-5),过高复试分数线的设置不是招生质量的保证,优秀考生或许没有报考普通高校体育学科硕士点。

表6-5　部分体育学硕士点考生成绩举例　　　　　　　单位:分

培养单位	政治	英语	专业课	总分
湖南师范大学体育学院1	53	77	226	356
湖南师范大学体育学院2	70	73	234	377
湖南师范大学体育学院3	67	67	217	351
湖南师范大学体育学院4	52	65	242	359
成都体育学院1	70	68	238	376
成都体育学院2	71	67	236	374
成都体育学院3	58	66	245	369
成都体育学院4	72	65	248	385
华中师范大学体育学院1	58	66	217	341
华中师范大学体育学院2	62	65	232	359
华中科技大学体育部	69	49	220	338
中国地质大学(武汉)体育课部1	53	42	253	348
中国地质大学(武汉)体育课部2	65	39	229	333
中国地质大学(武汉)体育课部3	55	47	233	335
中国地质大学(武汉)体育课部4	60	38	235	333
中国地质大学(武汉)体育课部5	67	37	326	336
中国地质大学(武汉)体育课部6	53	39	258	350
中国地质大学(武汉)体育课部7	65	37	235	337
中国地质大学(武汉)体育课部8	60	40	268	368
中国地质大学(武汉)体育课部9	61	41	266	368

此外,当前研究生入学考核机制由理论考试成绩决定考生成败,所以运动技术较强的考生处于弱势(他们要花费较多的时间以保持和提高运动技能),非体育专业考生脱颖而出。运动技能是体育专业硕士研究生应有的重要素质,非体育专业学生为了弥补学术科研能力的不足,将花费大量的宝贵时间用于科研和理论学习,最终可能导致运动技术和理论水平都不强。孙麒麟教授(2009)对此现象非常担忧:"学生高分低能,专业实践水平不够,理论考试考分和外语分数较高,专业水平基础差",最终影响研究生的培养质量和职业生涯发展,因为跨专业

毕业生若以体育专业就业,运动技能不足;若以本科专业就业,学历层次不足。

(二)影响招生工作的主要原因

1.招生宣传不力

西安交通大学普通高校体育学科硕士研究生导师L教授说:"宣传工作不力是导致普通高校体育学科硕士点招生困难的重要原因。"在校内网站上刊登招生信息、将招生简章编入全校研究生招生手册,是大部分普通高校体育学科硕士点的招生宣传模式。普通高校体育学科硕士点的发展历程较短,社会知名度不高,采用"守株待兔"式的招生宣传策略,难以将招生信息传递给潜在考生。普通高校体育学科硕士点应采用积极的宣传策略,通过多种经济有效的宣传途径,扩大社会知名度。

2.处于生源下游

与体育学院相比,普通高校体育学科硕士点的师资力量、教育资源、培养环境等方面还存在差距,生源主要来自体育学院,那里有他们熟悉的老师和校园环境,所以他们更倾向于报考母校或同类学校。在现行体育专业硕士研究生招生体制中,综合素质较高的体育专业本科毕业生,通常被保送读研或报考体育学院,而且部分已经创办了体育本科专业的普通高校,也会将优秀学生保送至北京体育大学等外校。普通高校体育学科硕士点在研究生选材时处于生源下游,可供选择的优秀考生资源甚少。

3.招生政策限制

部分高校没有考虑普通高校体育学科硕士点的特征,制定硕士研究生招生政策时没有区分对待,影响了普通高校体育学科硕士点的招生情况。

(1)制定过高的复试分数线。我国大部分普通高校体育学科硕士点依托清华大学、上海交通大学、华中科技大学等重点大学办学,为了保证整体招生质量,普通高校体育学科硕士点被要求采用较高的复试分数线,有的普通高校体育学科硕士点采用教育学硕士研究生的复试分数线(如华中科技大学体育部),有的普通高校体育学科硕士点自行划线(如东南大学体育部硕士研究生政治、英语复试分数不低于50分),较高的复试分数限制了考生上线人数,如上海交通大学体育系窦老师说:"交大体育系每年计划统招人数一般在8~10人,报考的人数中多数英语不达标(均在50分以下)。"还可能打击考生的报考积极性,如东南大学金老师说:"(东南大学体育学科硕士点)外语的分数线是50分,很多人了解这个情况后就放弃了,因为体育学院报考分数线只要45分"。

复试分数线对普通高校体育学科硕士点招生情况的影响非常明显,如华中科技大学与中国地质大学(武汉)体育学科硕士点采用不同的复试分数线招生(表6-6),结果迥异。前者的分数线分别高出体育类国家线9分和20分,未能从考生中招生;后者按照国家划定的分数线从13名考生中招生8人。复试分数线还影响报考情况,例如2010年有19名考生报考中国地质大学(武汉)体育课部,却只有4名考生报考华中科技大学体育部。部分普通高校体育学科硕士点为什么制定较高的复试分数线,寄希望于体育学院硕士点争夺优质生源,无异于"虎口拔牙"。

表6-6　体育专业硕士研究生入学分数线　　　　　　　　　　单位:分

划线机构	英语	政治	总分
湖北省地区体育学硕士研究生复试分数国家线	39	39	285
华中科技大学体育部硕士研究生复试分数线	48	48	305

(2)严格要求招生/复试比例。通过招录比实现硕士研究生复试的选材作用,是提高招生质量的重要手段,但是要求普通高校体育学科硕士点采用这一招生机制,似乎不切实际。例如2010年报考清华大学体育专业硕士研究生的考生中仅7人过线,按照清华大学硕士研究生1∶1.5的招生/复试比例,最后从考生中仅招生4人。清华大学体育部有体育教育训练学、体育人文社会学、民族传统体育学和运动人体科学4个硕士点,每年有30个招生指标,经过初试、复试的严格筛选,最终只完成招生计划的2/15。时任清华大学体育部主任张冰教授(博士研究生导师)接受调查时说:"(清华大学体育学科硕士点)有项目,有经费,却不能招收更多学生。"清华大学等高校体育学科硕士点无法承担更多的人才培养任务,不利于充分使用所属优质教育资源。

(三)对策

招生情况不佳,不利于普通高校体育学科硕士点的健康发展,不利于将来体育专业学位硕士研究生的培养质量,因此建议如下。

(1)加强学科建设。所谓"栽下梧桐树,引来金凤凰",除了获得硕士研究生学位和学历外,优秀考生更希望促进自身素质发展。普通高校体育学科硕士点学科建设质量关系研究生培养质量,只有建成较高水平的体育学科才能吸引优质考生,所以当前普通高校体育学科硕士点建设工作应沉稳心态,积极内修,加强师资、科研、教育资源(图书室、实验室、学术会议等)等方面的建设,筑巢引凤,为改善招生状况奠定基础。此外,优质的教育环境不仅保证了研究生素质培养,又有利于促进毕业生就业,继而提高普通高校体育学科硕士点的社会声誉,实现"招生—就业—招生"的良性循环。

(2)加强招生宣传工作。虽然依托重点大学办学,但大学的社会声誉不等于普通高校体育学科硕士点的社会知名度。普通高校体育学科硕士点作为后起之秀,应该积极做好宣传工作,扩大社会知名度,考生才会慕名而来。例如中国地质大学(武汉)体育学科硕士招生人员通过向生源地邮寄招生简章、利用师生的人际关系对外宣传等方式,使2016年报考人数翻番,2022年报考人数超过招生计划的5倍。普通高校体育学科硕士点应转变招生宣传方向,积极开拓隐性生源领域,如民办大学体育教师、同城中小学体育教师、企业体育工作者、社会体育工作者、体育行政部门工作人员等生源应受到普通高校体育学科硕士点的重视,这些考生既保证了生源质量,又没有就业的后顾之忧。此外,学校还应鼓励体育特长生和爱好体育的非体育专业学生报考,这些考生具备较好的运动技术能力,而且拥有其他学科的专业知识背景,具有较好的培养前景。

(3)扩大招生范围。高素质学生在体育学院第一轮保送的时候就被截留,与体育学院争夺体育专业毕业生不利于普通高校体育学科硕士点招生。普通高校体育学科硕士点应扩大招生视野,将招生视野延伸到多个领域:①保送体育特长生。采用保送体育特长生读研的方式是解决招生困难的重要举措,他们具有较高的运动技术水平,还有4年其他学科学习经历,综合素质较高,能够保证招生质量;②放宽接收校外保送生的政策限制。985、211高校接收校外保送生的政策规定必须从级别相当的重点大学接收保送研究生,可是体育专业院校里只有北京体育大学是211所属大学,限制了普通高校体育学科硕士点从专业体育学院接收保送生;③重视接收其他大学的调剂生。由于体育学科硕士点受招生限额制约,很多优秀考生复试落榜,普通高校体育学科硕士点可以通过调剂的方式,从这些考生中择优录取。例如四川大学体育学院调剂接收报考北京体育大学、上海体育大学等校研究生的复试落榜生;④西南交通大学创办体育学科硕士点之初,以招收在职硕士研究生为主。普通高校体育学科硕士点可以将招生视角投向同城中小学、大专院校、民办高校、政府体育部门等;⑤从相近学科中调剂。体育学是一门交叉学科,因此可以调剂接收相近学科的研究生,如华中科技大学体育部就从本校高等教育专业调剂接收研究生。由于非体育专业研究生拥有母学科的专业知识背景,理论知识更加扎实,科研素质更容易培养,他们可以继续攻读博士学位,成为体育专业科研人员。

(4)优化招生政策。普通高校体育学科硕士点的学科建设虽然具有较高水平,但专业育人环境依然不及体育专业院校,高校应遵循普通高校体育学科硕士点的发展实际,取消特殊复试分数线要求,使普通高校体育学科硕士点能够与体育专业院校公平竞争生源。此外,普通高校体育学科硕士点还处于发展初期,是我国大学发展历程中的重要成果,应予以支持和保护,招生政策首先应利于普通高校体育学科硕士点的生存和发展,先保证招生数量,再强调招生质量,积极开发和利用普通高校蕴涵的优质体育教育资源。

二、普通高校体育专业硕士研究生生源质量分析

本研究通过比较不同类型高校招收体育专业硕士研究生的生源质量,探析普通高校体育学科硕士点提高体育专业硕士研究生生源质量的招生机制改革方向。

(一)生源背景

1.生源的人口统计学特征

研究者发现不同性别、年龄、专业的体育学硕士研究生在学业方面存在差异,例如郑方(2013)调查湖北省高校学术型体育硕士研究生时发现他们的学习投入存在性别、年龄、专业方面的差异;韩梦姣和胡帅(2016)发现女生的科研动机、参加学术会议、科研成果等方面优于男生,而且女生的学习倦怠低于男生,已婚学生的倦怠程度较高,应届学生出现倦怠现象较少(刘启,2014),体育专业学位硕士研究生兼职人数比例达到65%,其中体育教学方向的专业学位硕士研究生兼职人数为74%(蔡杰,2016)。因此,性别、年龄、考生类型可能影响体育专业学位硕士研究生的生源质量。

比较中国地质大学(武汉)和山西大学2018年录取的体育专业硕士研究生的人口统计学特征,可见报考山西大学的考生性别比较均衡,而报考中国地质大学(武汉)的考生性别明显失衡,男生远多于女生。从年龄分布来看,23~24岁是两校考生的主要年龄段,但是报考山西大学的大龄考生(25岁及以上)占26.7%,比中国地质大学(武汉)高20%。此外,应届考生占中国地质大学(武汉)招生总数的2/3,而山西大学招收的应届生比例超过80%。综合而言,报考中国地质大

学(武汉)的体育专业学位硕士研究生中男生较多、年龄偏小、应届生比例较低(表6-7)。

表6-7 体育专业硕士研究生生源的人口统计学特征

人口学特征		中国地质大学(武汉)		山西大学	
		数量/人	占比/%	数量/人	占比/%
性别	男	12	80	16	53.3
	女	3	20	14	46.7
年龄	22	2	13.3	2	6.6
	23	6	40	8	26.7
	24	6	40	12	40
	25	1	6.7	3	10
	>26	0	0	5	16.7
考生类型	应届	10	66.7	25	83.3
	往届	5	33.3	5	16.7

2. 生源地分析

生源单一比较容易造成地方保护主义、近亲繁殖、思想闭塞等问题(李振庆,2016),所以不少学者建议通过生源多样化来提高研究生培养质量(如马敬卫等,2014;巫剑,2016)。比较分析发现(表6-8),中国地质大学(武汉)招收的体育专业硕士研究生主要来自湖北省(60%),而40%的考生来自6个外省,而山西大学招收的体育专业硕士研究生基本来自省内(90%),外省生源地只有河北省(6.7%)和江西省(3.3%)。报考中国地质大学(武汉)的外地考生除了来自安徽、河南和江西等邻近省份外,还有来自山东、浙江、河北等地,而山西省的外地生源主要来自邻近的河北省。这提示:①中国地质大学(武汉)招收体育学位硕士研究生生源地更加多样化;②可能源于中国地质大学(武汉)是部属211高校,比山西大学具有更强的生源吸引力;③中国地质大学(武汉)开放办学程度较高,而山西大学的地方特色较明显。

表 6-8 考生生源地分析

培养单位	生源地		人数/人	占比/%
中国地质大学(武汉)	湖北省内		9	60
	湖北省外	山东省	1	40
		安徽省	1	
		河北省	1	
		浙江省	1	
		河南省	1	
		江西省	1	
山西大学	山西省内		27	90
	山西省外	河北省	2	6.7
		江西省	1	3.3

3.考生第一学历情况

第一学历是影响硕士研究生学业成绩和职业发展的重要因素(杨曦,2009),不少体育专业硕士研究生培养单位对考生提出学历要求,例如中央民族大学体育学院2019年招生简章中要求考生拥有国家承认的本科学历,如果是高职高专和本科结业生,需要公开发表至少2篇专业论文,所以考生的第一学历可以作为评估体育专业硕士研究生招生质量的重要指标。分析发现,985和211高校的毕业生是中国地质大学(武汉)体育专业硕士研究生的重要生源(46.7%),其次是普通二本高校(26.7%)和专业体育学院(20%),而山西大学招收的体育专业硕士研究生主要来自普通二本高校(56.7%),其次是普通一本高校(36.7%),没有招收来自专业体育学院的考生(表6-9)。综上可知:①中国地质大学(武汉)招收的985、211高校和专业体育学院的考生比山西大学多60%,而山西大学招收的普通一本和二本高校毕业生比中国地质大学(武汉)多60%,可能源于中国地质大学(武汉)本身培养社会体育与管理专业本科生的人数较少,普通一本和二本高校的考生只有33.4%,而报考山西大学的比例高达93.4%,可见山西大学对地方高校毕业生具有较强的吸引力;②从两校的招生情况看,平台差异的影响比较明显,中国地质大学(武汉)拥有部属 211 高校的身份,能够留住本校生源和吸引专业体育学院毕业生;③普通二本高校的毕业生是体育专业硕士研究生的主要来源,这意味着优秀毕业生可能更愿意流向更高水平的平台。

表 6-9　考生毕业院校情况

第一学历院校情况	中国地质大学(武汉)		山西大学		占比差/%
	人数/人	占比/%	人数/人	占比/%	
985 和 211 高校	7	46.7	2	6.7	−40
普通一本高校	1	6.7	11	36.7	30
普通二本高校	4	26.7	17	56.7	30
专业体育学院	3	20			−20

4.考生第一学历专业情况

第一学历专业是体育专业硕士研究生学业发展的基础。虽然体育学是一门交叉学科,如果不加以控制,很容易造成专业方向模糊的问题(方千华等,2014),导致非体育专业研究生毕业的时候面临以第一学历专业就业,学历不够;以硕士研究生专业就业,运动技能不够的尴尬(游茂林等,2010)。分析发现,报考中国地质大学(武汉)体育专业硕士研究生的考生第一学历涵盖 9 个专业方向,甚至有与体育学科相距甚远的自动化专业考生,而报考山西大学体育专业硕士研究生的考生第一学历均属于体育方向。具体而言,中国地质大学(武汉)招收社会体育指导与管理专业的考生较多(40%),可能缘于该校设有社会体育指导与管理本科专业,而山西大学招收的体育教育专业考生较多(66.7%),可能与该校以体育教育作为重点学科专业有关(表 6-10)。综合而言,中国地质大学(武汉)招收的体育专业硕士研究生的第一学历专业比较混杂,为后续培养工作增加了困难。

(二)初试成绩分析

全国研究生统一入学考试是选拔高水平体育专业硕士研究生的第一道门槛,英语、政治和专业课成绩可以在一定程度上反映生源质量。由表 6-11 可见,山西大学、华中师范大学等体育学科体系完善、培养高水平体育专业人才时间较

表 6-10 考生第一学历专业分布情况

第一学历院校情况	中国地质大学（武汉）		山西大学		占比差/%
	人数/人	占比/%	人数/人	占比/%	
体育教育	2	13.3	20	66.7	53.4
社会体育	6	40	1	3.3	−36.7
休闲体育	1	6.7	1	3.3	−3.4
运动训练	1	6.7	8	26.7	−20
体育学类	1	6.7	—	—	
体育经济与管理	1	6.7	—	—	
音乐表演	1	6.7	—	—	
舞蹈表演	1	6.7	—	—	
自动化	1	6.7	—	—	

表 6-11 研究生入学考试英语成绩的比较分析

培养单位	N	均值	标准差	极小值/分	极大值/分
山西大学	22	52.227 3	8.679 10	36	71
华中师范大学	52	51.750 0	10.731 80	33	78
吉林大学	23	50.521 7	6.734 37	41	62
中南民族大学	10	49.300 0	3.683 30	44	56
中国地质大学（武汉）	15	48.266 7	4.787 88	40	55
总数	122	50.975 4	8.674 52	33	78

长,考生的英语平均成绩和最高成绩均相应较高,中国地质大学(武汉)的考生中英语最高成绩(55 分)比华中师范大学(78 分)低 23 分,而且考生间差距较小(标准差为 4.787 88 分),这意味着报考中国地质大学(武汉)体育专业硕士研究生的考生英语水平相对而言普遍不高。

第六章　着力提高生源质量,助力人才培养方案有效落实

《全国硕士研究生入学统一考试思想政治理论考试大纲》(2019)指出:研究生入学政治考试的主要内容包括基本理论、国家大政方针、时事热点等,其目的是科学、公平、有效地测试学生掌握大学本科阶段思想政治理论课的基本知识、基本理论、应用马克思主义的立场、观点和方法以及分析和解决问题的能力。可见政治考试,考的是学生的世界观、方法论。而世界观、方法论对于研究生学习乃至将来的工作都有很大帮助,不仅能让学生树立正确的三观,而且更能让学生潜移默化地对国家产生自豪感。由表6-12可见,吉林大学、华中师范大学以及山西大学考生的政治平均分相差不大,中国地质大学(武汉)考生的政治成绩平均分(50.5分)较低。此外,经方差分析,中国地质大学(武汉)体育专业硕士研究生的政治成绩与办学层次相当的华中师范大学和更高层次的吉林大学无明显差异($p>0.05$),且与省属重点本科高校山西大学和中南民族大学考生的政治成绩也无明显差异($p>0.05$),这说明各高校考生的政治分数相当。

表6-12　研究生入学考试政治成绩的比较分析

报考单位	N	均值/分	标准差/分	极小值/分	极大值/分
吉林大学	23	58.165 9	6.207 54	55	81
中南民族大学	10	57.300 0	7.543 21	42	67
华中师范大学	52	59.461 5	5.668 84	47	74
山西大学	22	59.090 9	5.862 79	46	69
中国地质大学(武汉)	15	50.500 0	5.387 82	47	70
总数	122	56.903 7	6.134 04	42	81

专业课成绩是反映考生掌握体育学科基本知识情况的重要指标。由表6-13可见,吉林大学、华中师范大学考生的专业课平均分数和最高分数比较突出,中南民族大学的高分与低分差异较小,而中国地质大学(武汉)的考生专业课平均成绩和最高分均最低,平均分和最高分约比吉林大学低23分,而且考生间差距较大(28.747 34分)。此外,方差分析显示,中国地质大学(武汉)招收的体育专业硕士研究生的专业课程平均分显著性低于吉林大学($p=0.004$)和华中师范大学($p=0.005$)。

表 6-13 研究生入学考试专业课成绩的比较分析

招生单位	N	均值/分	标准差/分	极小值/分	极大值/分
吉林大学	23	229.043 5	21.659 51	176	279
华中师范大学	52	225.750 0	17.823 62	197	268
中南民族大学	10	223.500 0	14.191 16	205	257
山西大学	22	214.090 9	32.332 95	158	267
中国地质大学（武汉）	15	206.533 3	28.747 34	170	256
总数	122	221.721 3	23.829 37	158	279

初试总成绩体现了考生的综合素质。由表 6-14 可见，中国地质大学（武汉）招收的体育专业硕士研究生的初试总成绩均值为 316 分，初试总成绩最高分为 364 分仅比中南民族大学高 2 分，而且两者间标准差较大。此外，方差分析显示，中国地质大学（武汉）考生的初试总分明显低于吉林大学（$p=0.000$）和华中师范大学（$p=0.004$）。

表 6-14 研究生入学考试初试总分的比较分析

报考单位	N	均值/分	标准差/分	极小值/分	极大值/分
吉林大学	23	348.391 3	25.739 50	312	422
华中师范大学	52	337.519 2	17.710 63	310	385
中南民族大学	10	330.100 0	15.401 66	300	362
山西大学	22	322.954 5	35.185 87	259	391
中国地质大学（武汉）	15	316	31.279 84	267	364
总数	122	333.688 5	26.581 57	259	422

综上所述，报考普通高校体育专业硕士研究生的考生，普遍英语、政治成绩较差，专业课和总分偏低，而且考生间差异较大。可见，依托同等办学层次高校的体育学科硕士点生源质量处于劣势，而如果体育学科硕士点依托的高校办学层次较高（如吉林大学），会在一定程度上提升招生质量。

(三)录取/复试比例情况

复试是体育专业硕士研究生招生单位控制生源质量的重要手段，许多高校

第六章　着力提高生源质量，助力人才培养方案有效落实

采取严格手段确保复试质量，例如华南师范大学按照1∶1.2的差额比例确定体育专业硕士研究生复试名单，需要完成专业笔试和综合素质考核，初试成绩的20%加上复试成绩的25%，即为考生的总分，可见华南师范大学对复试的要求比初试严格(华南师范大学体育科学学院，2018)。由表6-15可见，中国地质大学(武汉)的录取/复试比例最高，山西大学最低，这提示：普通高校体育学科硕士点的生源数量有限，可供选择的余地不足，所以能够参加复试的考生基本都会被录取。笔者调研期间发现，这是普通高校体育学科硕士点招收体育专业硕士研究生的普遍困境，由于招生指标少、报考人数不足，许多招生单位的录取/复试比例达到100%，甚至有些招生单位通过全国统招考试不能招满，需要采取调剂、免推高水平运动员等方式才能完成招生计划。

表6-15　录取/复试比率情况的比较

录/复比率	2017年			2018年		
	中国地质大学(武汉)	武汉理工大学	山西大学	中国地质大学(武汉)	武汉理工大学	山西大学
录取人数/人	13	9	39	15	13	38
复试人数/人	15	11	76	19	18	84
录取/复试/%	86.67	81.82	51.3	78.95	72.22	45.23

综合而言，普通高校体育学科硕士点招收的体育专业硕士研究生存在生源不足、生源质量不高、遴选把关不严、录取的考生第一学历和第一专业混杂等问题，为了提高办学质量，本研究建议从以下几个方面入手。

(四)创新招生机制

1. 加大招生宣传力度，提升选材空间

招生工作是地方高校生存和发展的生命线，是高校常规工作中的"重中之重(黄鹏等，2012)，如何采用多样化的招生宣传方法，做好研究生招生宣传工作是众多高校和科研院所正在积极开展的工作(马玉平等，2006)，例如西安电子科技大学2019年举行的研究生招生全国高校宣讲校院行活动，向考生提供最新的考研政策，极大程度上增加了报考学生的数量。笔者通过访谈调查发现，普通高校体育学科硕士点的研究生招生宣传途径以研究生招生信息网为主，近年来增加了微信公众号转发招生信息的方式。招生宣传途径有限，导致报考数量不足，继

而出现选材空间受限的问题已成为普遍现象。因此,普通高校体育学科硕士点需要加大招生宣传力度,这是走出招生困境的重要手段:①加强招生工作的引导,招生工作的顺利进行离不开学校领导的支持,号召全体教职员工关注招生,参与招生;②构建专业的招生团队,招生宣传工作对人员的业务能力有极高的要求,为了保障招生工作的顺利进行,普通高校体育学科硕士点应培养一支水平过硬的招生团队;③建立健全招生长效机制,普通高校体育学科硕士点的招生不能仅局限于毕业季,要采取长期宣传、长期引导的工作模式,如可以提前招生。

2. 严格执行复试选材标准,提高研究生生源质量

生源质量的高低,已成为评价一个高校办学实力与水平的重要指标和教育机构评价高校实力的重要参数(李广松和石维杰,2006),复试工作是硕士研究生招生考试的重要组成部分,更是保证生源质量的基础环节(杨茜等,2011)。例如中国地质大学(武汉)在2015年体育专业硕士研究生的录取/复试比例达到了100%,2016年的录取/复试比例也接近90%,且部分学生通过调剂录取,这意味着中国地质大学(武汉)体育专业硕士研究生的生源不足。不少普通高校体育专业硕士研究生招生遇到类似问题,复试形式化的现象容易出现生源不足(张鸿,2007),所以部分普通高校体育学科硕士点在复试环节为了完成招生计划,出现走过场的现象,导致招收的学生水平参差不齐。因此,普通高校要严格执行复试标准,秉着宁缺毋滥的原则选拔优质生源:①加强信息的公开。公开是保证复试公平的最好途径,研究生复试涉及学生的切身利益。例如初试成绩及排名,复试名单及排名等,凡是能公开的都应公开;②建立监督机制。学校纪检部门应积极参与招生工作,以学生为本,对复试工作进行全面、有效的督查,保证投诉、举报等通道畅通,及时对复试环节出现的问题进行反馈和处理;③扩大差额比例。我国高校研究生复试的比例基本是按照1:1.2,在普通高校体育专业硕士研究生报考人数有限的情况下,应尝试将复试比例扩大到1:1.5及以上,增加复试考生的数量,有利于更好地择优录取。

3. 完善研究生管理机制,实行针对性培养

跨专业以及没有师范教育背景的考生招录比例过高,从整体上讲,不利于培养质量的提升(周险峰,2015)。调查发现,普通高校体育专业硕士研究生的第一学历专业过于混杂,不少考生的第一学历学业与体育专业的关联度较低,从而增加了研究生的培养困难。因此,要对普通高校体育专业硕士研究生进行层次化管理和特色化培养:①建立多元化的培养机制,在研究生的培养过程中要以人为

本,要根据学生的兴趣进行培养;②制订多元的评价体系,在研究生培养的过程中,技能学习和学术研究要找到一个平衡点,对研究生阶段的学习要进行多元化评价;③确立以就业为导向的培养模式,研究生进校以后,导师要加强与学生的沟通,明确学生的规划,如以就业为目标有针对性地培养。

4. 培养创新意识,加强课程建设

普通高校体育学科硕士点的发展背景与体育专业院校差异明显,不应模仿体育专业院校硕士点的培养模式,否则无法体现普通高校体育学科硕士点的优势,将陷入传统就业市场的不利竞争局面(田雨普,2008)。查阅普通高校体育学科的招生简章,发现普通高校体育专业设置以及课程设置基本上都是在模仿专业体育院校,其体育学科特色和校本教育资源的特色未能得到充分体现。因此,建议:①正确认识课程建设的科学性和规范性。课程的建设需要充分考虑到学校的实际情况,对课程规划设计、实施过程等有一个清晰的认识,要以社会需求为导向、促进学生身心发展为宗旨;②加大优势资源的开发。例如中国地质大学(武汉)体育学科硕士点在课程设置方面充分利用了学科优势,开设了具有特色体育教育资源的"户外运动理论与实践""攀岩运动"和非体育专业特色的"高等教育导论""地球科学概论"等课程;③加强师资队伍建设。一门课程建设的成果取决于教授该课程教师的教学水平,要及时对教师的年龄结构进行评估,对教师涉及的专业领域及学历进行把关,同时还要为教师创造良好的教学环境,提高教师待遇,留住专业人才,只有这样才能促进学校体育课程的建设和发展。

第七章 积极构建育人条件,夯实人才培养的物质基础

2000年,清华大学、四川大学等6所高校的体育学科硕士点(以下简称"普通高校体育学科")获得培养体育专业硕士研究生资格(黄汉升,2007),截至2008年底,全国119家培养体育专业硕士研究生的高校中,32家培养单位是普通高校体育学科(孙麒麟,2008),阵容还在进一步扩大。普通高校体育学科建设体育专业硕士点的背景与体育学院不同,因为它们主要依托公共体育教育师资,在培养力量上存在先天不足的问题(表7-1)。

表7-1 体育学院与普通高校体育部门的资质差异比较

项目	体育学院	普通高校体育部门
师资力量	拥有一支经验丰富的培养体育专业人才的师资队伍	组织管理公体教学、群体竞赛等的能力较强,但缺乏培养体育专业人才的经验,基础理论课教学能力尤为不足
课程体系	能够开设完善的专业课程,而且构建课程体系的经验成熟	缺乏设置专业课程体系的经验,依靠自有师资,难以开设完善的专业课程
核心任务	培养优秀的体育专业人才	保障普通大学生的身心健康
科研力量	拥有一支高水平的科研队伍	科研能力不足,承担重要科研课题、发表重要学术论文的数量有限

不管是专业体育学院(如北京体育大学、上海体育学院等),还是师范类大学下属的体育学院(如北京师范大学体育学院、苏州大学体育学院等),它们在培养体育专业本科生的过程中,积淀了雄厚的教育资源,为保证硕士研究生培养质量奠定了基础,这是普通高校体育学科硕士点所缺乏的,也是短期内无法有效弥补的差距。

面对体育学院的竞争和社会需求的变化,普通高校培养体育专业硕士研究生的困境逐渐凸显出来。虽然它们能够建设体育学科硕士点的普通高校具备相

应的实力,但如何解决先天不足的掣肘,发挥自身优势,在激烈的社会竞争中获得一隅空间,将决定我国普通高校体育学科硕士点的命运。因此,本研究利用全国高校体育学硕士研究生导师研讨班之机,通过调查问卷对清华大学、上海交通大学、华中科技大学、中国地质大学(武汉)、西安交通大学、中南大学、河海大学、华东理工大学、同济大学、东南大学、北京工业大学、西南交通大学、中国石油大学(北京)、西安电子科技大学14所高校的20名体育学科硕士研究生导师进行问卷调查(被调查对象中教授占47.9%,副教授占32.1%)。孙麒麟教授等多位专家接受了访谈调查。郑州大学、中国地质大学(武汉)、四川大学、华中科技大学等12所高校的16名代表,就体育学科硕士研究生培养问题进行了小组讨论。

一、我国普通高校培养体育专业硕士研究生的困境

1. 招生困难

调查发现,影响我国普通高校体育学科硕士点招生数量和质量的主要因素有3个:①普通高校体育学科硕士点建设时间短,缺乏体育学院的专业底蕴,培养环境还不能与体育学院相媲美,难以赢得优秀考生的青睐;②985高校拥有自主划线招生权,但它们未能客观认识普通高校体育学科硕士点的发展实际,自主招生线高于全国统招分数线,即使为数不多的考生难以上线,也打消了诸多考生的报考意愿;③政策限制招生名额虽然是保证研究生培养质量的有效举措,但没有考虑普通高校体育学科硕士点的发展需要,使清华大学、四川大学等发展水平较高的普通高校体育学科硕士点受招生规模小的影响,在高校学科建设中处于尴尬地位。

普通高校体育学科硕士点的社会享誉度还不高,还缺乏体育学院的专业优势,所以报考人数较少。以2009年报考体育专业硕士研究生的情况为例,14所被调查普通高校体育学科硕士点共吸引考生216人(确认参考人数),平均每个普通高校的报考人数为15人,其中报考清华大学体育学科(有3个硕士点)硕士研究生的人数最多,为76人;报考华中科技大学体育学科(有1个硕士点)硕士研究生的人数最少,为4人。体育学院吸引考生的能力远高于普通高校体育学科,如同期报考华中师范大学体育学院(有2个硕士点)的考生近300人(其中27人为本校生源),报考武汉体育学院(有4个硕士点)的考生近千人。虽然硕士

点数量在一定程度上影响了报考人数,但普通高校体育学科硕士点的吸引力明显弱于体育学院。

硕士研究生入学选材由理论考试成绩决定考生命运的选拔机制使普通高校体育学科硕士点招收大量的非体育专业学生(例如清华大学普通高校体育学科张冰教授目前指导的5名硕士研究生全部来自非体育专业),部分专家学者对此现象非常担忧,虽然非体育专业学生多元化了普通高校体育学科的思想氛围,但就业弊端已经显露,若以本科专业求职,学历不够;以研究生专业求职,运动能力又不够。

清华大学等少数起步早、发展水平较高的普通高校体育学科硕士点受招生政策限制,招生数量不足,导致优质教育资源闲置,如清华大学体育学科有3个硕士点、四川大学体育学科有4个硕士点,但每届招生不超过30人;上海交通大学已建成1个体育学博士点(与本校高等教育研究院联合培养),但2009年仅招收硕士研究生5人,目前的招生规模无法充分利用普通高校体育学科的优质教育资源,限制了普通高校体育学科建设的进一步发展。

学生是硕士点存在和发展的基础,无法招收一定数量和质量的研究生,将影响普通高校体育学科硕士点的生存和发展。我国普通高校应该统筹规划,积极解决普通高校体育学科硕士点的生源问题。

2. 课程教育困难

课程教育是体育专业硕士研究生培养方案中的核心构件,是影响研究生培养质量的重要因素。普通高校体育学科硕士点由于缺乏培养体育专业学生的经验,对硕士研究生实施课程教育时遇到诸多困难。

(1)课程设置困难。普通高校体育学科师资建设一直以公体教学为目标,适应硕士点建设的师资储备不足,能够承担专业课程教学的教资有限,难以满足硕士研究生多元化的课程教育需要,导致课程设置出现"有课不能开,开课无人上"的局面。此外,普通高校体育学科没有为培养体育专业人才而进行课程体系建设的经验,为了完成硕士研究生培养任务,参照体育学院同类硕士点的课程设置的现象比较突出,如比较华中科技大学、中国地质大学(武汉)与华中师范大学、武汉体育学院的体育教育训练学专业硕士研究生课程体系发现,普通高校体育学科硕士点仅在体育学院课程设置的基础上增开了1~2门选修课[中国地质大学(武汉)和华中科技大学合开"户外运动理论与实践"、华中科技大学增开"计算机在体育科研中的应用"],师资力量不足是普通高校体育学科硕士点课程设置

第七章 积极构建育人条件,夯实人才培养的物质基础

困难的主要原因。

(2)招生数量不足影响了普通高校体育学科硕士点正常开课。除了教学外,普通高校开课的同时还需考虑教室安排和教师工作量计算的问题,普通高校体育学科硕士点每届招生几人的现状影响了正常开课。高校规定上课研究生超过3人才能正式开课,西安交通大学等多所高校曾经在几年的时间里每届仅招生1人,这类普通高校体育学科硕士点只能对研究生实行自学和单独辅导相结合的教育模式。

(3)新增研究方向的知识积淀不足,难以开课。普通高校体育学科硕士点开辟了一批新的硕士研究生培养方向(如体育工程学、体育旅游学、体育建筑学、户外运动等),而这些新兴研究方向尚未形成成熟的学科,难以开课。以户外运动为例,该方向硕士研究生应该掌握的知识包括户外运动训练与教育、户外运动心理、户外运动产业开发与管理等,但普通高校在这些领域的知识积累还不足以开设相应的课程。

3.教育资源不足

68.8%的被调查者认为"教育资源有限"是制约我国普通高校体育学科培养体育专业硕士研究生的重要难题。调查发现,普通高校体育学科硕士点存在硬件资源建设滞后、软件资源供给不足的现象。

(1)普通高校进行体育学科建设的时间较短,配套的硬件设施建设滞后。以图书室、实验室、研究中心(所)、学习室等必要设施为指标进行的调查显示:14所普通高校体育学科硕士点中的38.6%没有图书室、72.9%没有实验室(已有实验室中除华东理工大学的体育材料实验室外,其余均为运动人体科学实验室)、57.2%没有研究中心(所)、63.7%缺乏研究生学习室(用于教学、自习和学术交流),导师办公室成为普通高校体育学科硕士点培养研究生的主要场所。

(2)普通高校体育学科硕士点尚未形成一支高素质的科研队伍,缺乏与体育学院竞争课题、学术会议举办权的能力,用以培养硕士研究的软件资源不足:①多学科教育资源是普通高校体育学科硕士点公认的优势,但学科之间的兼容性有限,大部分非体育学科教育资源不能被普通高校体育学科硕士点有效利用,综合性大学的教育特色优势并不明显;②普通高校体育学科硕士点的导师主要是训练、竞赛和裁判方面的专家,主持过省部级及以上课题的导师只占14.3%,参与导师的课题研究是培养硕士研究生科研和创新能力的基本途径,缺乏高质量的课题研究经历,将难以培养硕士研究生形成较高的科研能力;③学术会议是

激发研究生学术思想、培养人文素养、引领他们认知学科前沿的重要方式,但很少有普通高校承办重要的国家级体育学科学术会议,例如2005—2009年只有上海交通大学承办过第七、八届全国大学生运动会科学论文报告会等国家级体育学术会议。

4.导师水平有待提高

"名师出高徒"——导师是保证研究生培养质量的基础,没有高水平的导师,难以培养高素质的研究生。提高导师水平是当前普通高校体育学科硕士点的重要任务,孙麒麟教授提出,给硕士研究生导师、博士研究生导师更多的机会,让这些导师本身能够提高专业水准。我国普通高校体育学科硕士点的导师水平有待提高:

(1)导师学历层次较低。调查发现,目前普通高校体育学科硕士点中52.6%的导师只有本科学历,89.5%的导师没有博士学位,而且不少硕士生导师只拥有硕士学位(单证)。导师没有经过专业的科研素质培养,将难以科学指导硕士研究生从事科研活动。

(2)导师的科研能力不足。目前我国的知名体育学者中罕见普通高校体育学科教师,学术专家(以第一作者在CSSCI期刊上发表论文10篇及以上)仅占18.4%,科研水平较高的导师人数不足(如某普通高校体育学科6位硕士研究生导师人均以第1作者发表CSSCI期刊论文不足2篇)。以竞赛成绩(普通高校体育学科教师业绩、职称评定的主要指标)为主导的绩效评价模式,没有激发体育教师开展科研工作的积极性。

5.政策支持不足

普通高校体育学科硕士点作为普通高校发展过程中的重要支撑,为繁荣高校学科建设做出了积极贡献,目前正处于发展期,却没有得到足够的政策支持。

首先,普通高校体育学科硕士点招生规模较小,学科建设发展缓慢,其关注度还低于公体教学、训练竞赛和群体活动,不足以引起管理层的积极支持;其次,为保证高校研究生教育的整体质量,普通高校体育学科硕士点的招生渠道和招录名额受限、入学分数线相对较高,导致招生困难(调查发现,少数硕士点不能从考生中招生),使普通高校体育学科硕士点的发展前景堪忧,未能激发管理层的建设信心。目前普通高校体育学科硕士点的生存状态尴尬,存亡既不影响普通高校体育事业的发展,更不影响高校学科建设的整体水平,所以除清华大学、同济大学、北京大学、上海交通大学等少数普通高校体育学科硕士点得到专项建设经费资助外,绝大部分硕士点依靠普通高校体育工作业务费、科研基金和自筹经费(主要是学费提留)发展。

普通高校体育学科硕士点的生存和发展,离不开必要的支持,各高校应切实考虑普通高校体育学科硕士点的发展前景,明确普通高校进行体育学科建设的重要性,积极推动硕士点发展,提高办学质量,既为社会做贡献,培育出一个符合社会需要的特色学科,例如同济大学的运动人体科学、华东理工大学的体育工程学、兰州理工大学的丝绸之路体育文化等硕士研究生培育方向已经享誉中外。

二、我国普通高校培养体育专业硕士研究生的对策

目前推动普通高校体育学科硕士点的发展,提高教师结构中硕士研究生的比率是我国基础教育体育师资建设的现实需求,具有重要的社会价值。普通高校体育学科硕士点作为我国高等教育发展过程中的重要成果,具有良好的发展前景,我国普通高校和相关管理部门应积极推动普通高校体育学科硕士点的建设和发展。招生情况决定普通高校体育学科硕士点的命运,课程是保证研究生培养质量的重要环节,直接影响学生的教育质量(王斌等,2001),导师是研究生成才的基础,政策是保证它健康发展的前提,所以普通高校体育学科硕士点在发展过程中首先要解决招生、课程、师资和政策等方面的掣肘。

1. 立体化招生

第一,普通高校体育学科硕士点要积极做好招生宣传工作,拓宽招生宣传途径,吸引更多考生报考;第二,鼓励体育特长生报考,因为他们具有较高的运动技术水平,还有4年其他学科学习经历,综合素质较高,保证了研究生的招生质量;第三,保送优秀的体育特长生读研,他们还可以继续为高校竞技体育事业做贡献;第四,调剂接收报考北京体育大学、上海体育学院等学校研究生复试中落榜的优秀考生;第五,招收在职硕士研究生,他们有稳定的工作,能够安心学习,有利于保证培养质量。

目前普通高校体育学科硕士点处于生源下游,缺乏与体育学院相抗衡的招生竞争力,应开阔招生思路,建立丰富的生源体系,确保招生数量和质量。

2. 合理利用外部师资

师资力量直接关系研究生的培养质量。普通高校体育学科硕士点师资力量不足,有其历史原因,短期内难以解决,应有效利用外部师资、积极提高自有师资

素质,将是普通高校体育学科硕士点解决师资问题的主要途径,可以采用的手段主要包括:招聘、外聘、自我培养和联合办学。

由于普通高校体育学科难以直接招聘硕士研究生导师,高学历青年教师需要一定的成长时间,通过招聘和自我培养改善师资结构的周期较长,所以合理利用外部师资具有重要的现实意义,其中外聘和联合办学是普通高校体育学科硕士点应对当前师资不足的有效手段。

(1)外聘高水平教师承担课程教学或担任导师。如华中师范大学体育学院聘请武汉体育学院教授讲授课程"运动生物力学";四川大学普通高校体育学科聘请华西医学院某博士研究生导师为硕士研究生导师,以培养体育营养学方向的硕士研究生。

(2)联合培养研究生或共建课程。联合办学发挥双边优势,能够突出培养特色。如华东理工大学普通高校体育学科与材料学院联合培养体育工程学方向的硕士研究生;华中科技大学与中国地质大学(武汉)普通高校体育学科发挥地缘关系,共建"体育统计学""户外运动理论与实践"等多门研究生课程。

3. 特色化开课

普通高校体育学科硕士点的发展背景与体育学院差异明显,不应模仿体育学院硕士点的培养模式,否则无法体现普通高校体育学科硕士点的优势,将陷入传统就业市场竞争不利的局面。特色教育资源是普通高校体育学科硕士点的发展基础,充分利用普通高校体育学科和普通高校的特色教育资源,创新课程设置,才能体现普通高校体育学科硕士点的社会价值。

培养具备特色素质研究生的前提是开设特色课程,包括:①导师的研究专长,即使研究领域尚未形成学科,也有利于培养研究生的创新意识,激发他们从事科研实践的兴趣;②较为成熟的特色体育教育资源,培养研究生的特色素质,形成就业优势;③非体育专业的优质教育资源,体现综合性大学的教育优势。中国地质大学(武汉)普通高校体育学科硕士点在此方面进行了有益尝试,新的课程体系中包括导师研究专长(如《高校公体教学改革研究概述》)、特色体育教育资源(如《户外运动理论与实践》《攀岩运动》)和非体育专业的特色课程(如《高等教育导论》《地球科学概论》)。

4. 精细化培养

目前体育专业硕士研究生招生规模迅速扩大,而导师成长速度较慢,致使部分导师每届招生超过5人,累计在读硕士研究生不低于15人,这对导师的指导精力、专业能力、管理工作等均是一个较大的挑战,也会使研究生在培养过程中得不到充足的指导和资源支持,从而影响培养质量。普通高校体育学科硕士点的办学压力正不断攀升,即使招生环境较好的清华大学、四川大学等普通高校体育学科硕士点每年的招生数额不超过30人,由于还需要承担体育专业博士研究生和本科生的培养任务,教育资源的局限性开始突显出来。在此背景下,普通高校体育学科建设需要积极动员利益相关主体的积极性、筹措高质量培养资源、完善校本特色的培养方案,着力对硕士研究生进行精细化培养,培养出优秀人才,赢得社会声誉,奠定发展基础。

第一,聘任硕士研究生导师时重素质、轻职称,建立优秀的导师队伍。如清华大学体育部规定,硕士生导师要有博士学位,有硕士学位、教授职称的教师必须先担任一轮副导师才能当导师,本科学历的教授不能担任研究生导师。虽然大部分高校普通高校体育学科硕士点不具备这样的师资条件,但也应把控好导师质量关,不能盲目扩充导师队伍;第二,做好研究生培养规划,导师要考虑研究生的职业生涯发展,在研究生入学后,导师要与他们积极交流,根据个人情况,制定相应的发展目标,进行个性化培养。当前普通高校体育学科硕士点招生数量相对较少,有能力为每名研究生制订合适的培养计划;第三,严格管理和考核研究生学习情况,要求研究生认真制订学期和学年学习计划,定期检查考核,促使研究生努力学习,逐步实现人才素质结构的培养目标;第四,积极引导研究生从事科研和专业实践,培养和提高他们的专业素质;第五,加强研究生专项能力培养,形成特色素质。普通高校体育学科硕士点应重视学生特长和市场需求情况,要求研究生形成一专多能、专项突出实用、辅项特色明显的素质结构;第六,面向市场需求,增设新兴课程,如人工智能、物联网、机器学习等新时代高水平人才需要掌握的知识。

三、小　结

普通高校体育学科建设硕士点,为缓和我国社会对高层次体育专业人才的需求做出了积极贡献,也为普通高校建设综合型大学提供支持,提高普通高校体育学科硕士点发展水平具有重要的时代意义。毕竟普通高校体育学科硕士点成长于特殊的学科生态环境之中,受自身实力、办学经验、教育资源储备等因素的限制，在发展过程中遇到诸多困境，而解决研究生培养问题是重中之重，关系普通高校体育学科硕士点的生死存亡，所以除了希望普通高校体育学科硕士点自身克服困难以外，各高校和相关管理部门应给予必要的政策和资源支持。因此，建议普通高校体育学科硕士点拓展招生渠道、合理调用外部师资、积极凝练自有特色教育资源、制订精细的研究生培养计划，不断提高培养质量。

第八章　合作共赢,探索具有校本特色的多导师制

2020年,我国大约有140所高校计划招收5790名体育专业硕士研究生,而1998年仅招收331人,扩招了17.5倍。体育专业硕士研究生招生规模大幅增加,直接影响我国体育专业硕士研究生的培养质量,继而导致越来越多的体育专业硕士研究生就业难,根本原因在于当前体育专业硕士研究生的培养机制难以适应社会需求,而导师制度作为培养机制中最为重要的一个环节,更是亟须改善。本研究以H省的K大学、M大学和D大学为例,展开调查研究。

一、H省普通高校体育学科硕士点导师制度分析

上述三所高校均于2005年获批体育教育训练学专业硕士学位授予权,2007年正式招生,在培养情况和制度方面能体现出普通高校体育学科硕士点的现状。

(一)生源的本科专业

调查结果显示,三所高校体育学科硕士点招收的跨学科硕士研究生比例达到55.6%,其中K大学的生源主要来自保送升学的本校高水平运动员,本科专业均为公共事业管理,M大学的情况与K大学类似,主要生源是本校保送升学的高水平运动员,由于各校培养高水平运动员的方式不同,所以M大学生源的本科专业主要是工商管理。D大学开办了社会体育指导与管理专业本科,硕士研究生生源主要由该本科专业保送和报考的学生构成(表8-1)。普通高校体育学科硕士研究生招生规模不大,但是生源本科专业较为多元化,给培养工作造成一定的困难。

表8-1　三所高校体育专业硕士研究生的专业来源

普通高校	本科专业	硕士研究生专业	人数/人
K大学	公共事业管理	体育教育训练学	11
	运动人体科学	体育教育训练学	1
	体育教育	体育教育训练学	1
	社会体育指导与管理	体育教育训练学	2

续表8-1

普通高校	本科专业	硕士研究生专业	人数/人
M大学	工商管理	体育教育训练学	8
	公共事业管理	体育教育训练学	1
	运动训练	体育教育训练学	2
	体育教育	体育教育训练学	5
	民族传统体育	体育教育训练学	1
	法学	体育教育训练学	3
	经济管理	体育教育训练学	1
	计算机科学	体育教育训练学	1
	语文教育	体育教育训练学	1
	国际贸易	体育教育训练学	1
	会计电算化	体育教育训练学	1
	英语	体育教育训练学	1
D大学	社会体育指导与管理	体育教育训练学	16
	音乐学	体育教育训练学	1
	体育教育	体育教育训练学	3
	地质学	体育教育训练学	1
	行政管理	体育教育训练学	1
	运动训练	体育教育训练学	6
	会计与计算机	体育教育训练学	1
	旅游管理	体育教育训练学	1

(二)培养制度

调查发现,三所高校体育学科硕士点在人才培养过程中均认识到单一导师制的弊端,并在一定程度上做出了改善。①K大学规定:"硕士研究生的培养采取导师负责制和集体培养相结合的方式""实行导师与硕士生定期见面制度,加大指导力度""在培养期间,硕士生导师连续出差或出国讲学、进修,所在院(系、所)应在导师外出前督促其落实外出期间的指导安排。凡离校时间达六个月以上者,均应由所在院(系、所)督促其办好交接手续,并报研究生院备

第八章 合作共赢,探索具有校本特色的多导师制

案";②D大学规定:"硕士生培养采取指导教师负责制,提倡系(或研究所)成立以导师为主的指导小组,借助有关教师的业务专长,发挥集体指导的作用,以利于拓宽硕士生的知识面""提倡鼓励科研单位和有条件的用人单位与我校合作培养硕士生"。

普通高校体育学科硕士点的培养力量和师资水平存在的局限性,促使多导师制度在实践中表现出了较好的积极性,也凸显了一些问题,例如D001(研一)认为:"选择增加自己的指导导师是在和两个导师沟通后决定的,因为两个导师的专业可以有一定的结合,既能提升我本专业的技能,又能使我学到理科的知识,对自己能有较大的提升,而第二导师也需要一个懂登山技能的研究生来协助进行高海拔实验数据的测量""第二导师给了我一些专业书籍和课件,让我自学,并且去实习基地和其他研究生一起学习。在这个学习的过程中还是存在一定的问题和难度,毕竟缺乏专业基础,体育生学理科的内容有些吃力",这表明第二导师具备在专业技能方面提供培养的能力,但是在实践机会、专业知识、科研能力等方面的支持有限。

此外,D002(研二)认为:"选择增加第二导师,一是因为第二导师专业和我本科专业接轨,可以继续发展,二是因为我想提高自身的教学能力,第二导师可以给我更多的教学实践上的指导,提供更多的教学实践机会""增加导师容易出现的问题就是如果两个导师沟通不好的话,对学生会产生很大的影响。我的两个导师之间就有较好的沟通,我认为最理想的状态是所有导师和学生在一起进行沟通",这提示有效发挥第二导师的指导作用,需要两位导师之间建立良好的沟通关系。

但是也有研究生反映第二导师未能发挥明显的指导作用,例如L001(研二)指出:"选择增加导师数量是我导师决定的,当然我也希望多学一些知识。但第二导师的指导效果完全不符合我的预期,比较失望。第二导师只短期指导过我如何进行运动队的训练,后期就没有继续指导了。"

综合而言,部分研究生出于拓宽知识面,增加择业方向的考虑选择了第二导师,也有部分研究生为了更好地学习体育专业知识以提高科研能力而选择了第二导师。无论研究生出于怎样的意愿,其都是为了自己获得更好的发展成绩。从目前的培养效果看,在没有正式推行多导师制度的条件下,研究生的初衷和培养质量较难得到保障,其原因在于:①第二导师对研究生培养缺乏责任感,培养投入和支持不够;②如果导师与导师之间、导师与研究生之间的沟通不畅会影响

培养质量;③少数导师存在抵触心理,不愿共同培养。因此,普通高校体育学科硕士点在研究生培养过程中支持学生与导师共同决定第二导师的增设和选择,但实际上只有小部分研究生选择增设第二导师,大部分研究生采取单一导师负责制进行培养。

本次调查发现,K大学体育学科硕士点采取导师负责制结合类似于课题组的导师团队培养模式,硕士研究生在参加学术研究的过程中接受团队导师的指导,但团队导师对研究生不负有培养责任。根据针对硕士研究生的访谈结果,可见研究生除在课堂上与团队导师进行交流、接受团队导师指导外,其余时间基本不会与除责任导师以外的其他老师进行学业交流,而且研究生明确表示没有参加过课题组的科研工作。这意味着K大学推行多导师培养制度的初衷是积极的,但在实践中缺乏可行性,单一导师制度依然是主流。

二、普通高校体育学科硕士点实施多导师制的必要性与可行性

(一)必要性分析

1.政策要求

推进硕士研究生培养的导师制改革,得到有关部门支持,例如《国家中长期教育改革和发展规划纲要(2010—2020年)》中明确提出:创新人才培养模式,创新教育教学方法,探索多种培养方式,大力推进研究生培养机制改革,推行产学研联合培养研究生的"双导师制";《国家"十二五"科学和技术发展规划》中规定:根据国家科技和经济发展需要,及时引导高等学校调整优化学科专业,充分发挥高等学校的人才优势和创新潜力,加强交叉学科、新兴学科领域专业人才培养。加强高等学校工程技术类专业的实践教育,推行产学研合作教育模式和"双导师"制,促进高等学校与科研院所、企业联合培养科技人才。部分普通高校也响应了国家政策导向,例如D大学关于硕士研究生培养工作的文件规定:研究生培养采取指导教师负责制,提倡系(或研究生)成立以导师为主的指导小组,借助有关教师的业务专长,发挥集体指导的作用,以利于拓宽硕士生的知识面;K大学针对硕士研究生培养工作要求:为推动学科渗透,以促进学科交叉发展,支持研究生导师在本学科之外学科点上申请研究生导师资格和受聘招收培养,指导研究生。可见,国家政策和普通高校的规定都提出了创新硕士研究生培养模式,探索多种培养方式,提倡成立以导师为主的研究生指导小组。普通高校体育学科

第八章 合作共赢,探索具有校本特色的多导师制

实施多导师制度培养体育学硕士研究生是响应国家政策,遵从国家发展规划、人才培养计划的举措,是研究生教育体制改革大背景下的必然。因此,从政策角度而言,普通高校体育学科硕士研究生多导师制度的实施有其必然性。

2.普通高校体育学科建设需要

普通高校体育学科硕士点与体育专业院校、师范类院校的体育学院相比,除无体育本科专业,还存在如下差异:

(1)招生规模小。比较而言,普通高校体育学科硕士点的招生人数明显较少,而且差距较大(表8-2)。研究生人数较少直接导致课程开设出现困难,为解决上课学生人数较少并合理利用师资力量,有的普通高校体育学科硕士点采取两个年级合班开课,还有两所普通高校联合开课,这些权宜之计虽然解决了教学问题,但打破了正常的育人机制,也不利于凸显培养单位的校本特色。

表8-2 体育学科硕士点招生人数比较

高校类型	招生单位	招生人数/人
普通高校	中国地质大学(武汉)	7
	华中科技大学	2
	武汉理工大学	7
	清华大学	4
	南京大学	4
	东南大学	2
	厦门大学	8
	上海交通大学	4
	大连理工大学	2
	南京理工大学	4
体育专业院校和师范类院校的体育学院	上海体育学院	200
	首都体育学院	126
	苏州大学体育学院	71
	山西大学体育学院	39
	湖南师范大学体育学院	83
	东北师范大学体育学院	70

（2）体育学科不全面。普通高校体育学科不全面,普遍只能支持1个体育学科的建设,即使近年来普通高校基本都获批体育学一级学科硕士学位授权,但本质上依然是以体育教育训练学或民族传统体育学为主,特别是在运动人体科学方向上,学科建设力量尤为薄弱。这与普通高校体育学科的办学规模、教师数量、教育对象、教育资源禀赋等差异有关。尽管大部分普通高校体育学科硕士点在理论上可以利用的综合性大学所拥的优质或特色教育资源,而实际情况并不乐观,例如K大学、D大学、M大学均以体育教育训练学专业为主,培养方向较为单一,其中D大学主要培养户外运动方向的硕士研究生,即使招收培养部分体育旅游方向的人才,但本质培养方向是户外运动资源开发与利用或以体验户外运动为特色的体育旅游。

（3）优质教育资源有限。普通高校体育学科硕士点因存在于特殊的运行环境,高校可供用于体育专业硕士研究生培养的教育教学资源有限,大部分高校还没有配套提供培养体育专业硕士研究生的软、硬件条件(如学术研讨室、实习实践基地、实验室、研究中心),以课程教学、导师指导为主,所以导师个人能够提供的培养资源往往是决定硕士研究生培养质量的关键因素。

（4）课程设置困难。普通高校体育学科师资力量以承担公共体育教学、运动训练、群众体育等为主,而且大部分体育教师没有接受过完整的研究生培养,这直接造成导师队伍存在大量只有本科学历的硕士研究生导师,因此能够承担硕士研究生专业课程教学、硕士研究生学术指导的师资力量严重不足,影响正常的教学工作开展,不利于保证硕士研究生教育教学质量。

普通高校体育学科硕士点面临的上述问题中,硬件资源在短期内难以得到明显改善,而软件条件可以争取学校给予政策支持,从而在一定程度上不断优化。其中,采取多导师制度,积极利用校内外现有优质师资力量和教育资源,能有效弥补培养条件的不足。

3.交叉与特色体育学科发展需要

体育学科是一门既具有社会科学属性,又具有自然科学属性的交叉学科,对体育领域相关问题展开研究,需要引入多种学科理论和方法,例如针对宇航员在太空中如何保持身心健康的问题,衍生出"太空体育";针对奥运会运动员如何保持高质量睡眠的问题,衍生出"体育音乐";针对大型国际赛事开、闭幕式上如何有效展现举办国文化,衍生出"体育文化",诸如此类的问题仅靠体育学本身难以有效解决。得益于上级部门对交叉学科的重视,体育学不仅与音乐、美术、文化、思政等人文社会科学交叉出新的学科生长点,也与人工智能、航空航天、流体力学、材料化工等自然科学合作出新的研究方向。普通高校体育学科硕士点招收和培养体育专业硕士研究生,其根本任务是传承、发展和开拓基于普通高校学科生态优势,而衍生出来的新兴体育交叉学科,是体育专业硕士研究生的专业知识不仅限于体育学科,更要涉及对应的交叉学科。这既表现为招收本科专业为非体育学科的硕士研究生,也包括引导优秀体育专业学生掌握非体育学科知识,进入体育交叉学科研究。

目前跨学科进入普通高校攻读体育专业硕士研究生的学生人数较多,有利于体育交叉学科的人才培养,但是普通高校体育学科硕士点的培养实力,未能有效保证跨学科硕士研究生的培养质量,也没有充分重视培养复合型交叉学科人才。调查结果显示:63%的体育学科硕士研究生选修了非体育学科课程(不含全校公选课)、但其中只有 29.6%的学生是为了完善知识结构,大部分学生(51.9%)是因为学位点的要求才去选修,还有 14.8%的学生考虑到就业需要,所以只有 29.6%的硕士研究生认可现行课程设置能够拓宽知识面,55.6%的硕士研究生认为不太合理,11.1%的硕士研究生认为不合理。由此可见,课程设置不合理限制了普通高校体育专业硕士研究生增长知识面或掌握有用的知识,不利于培养创新型或创业型人才。

同时普通高校体育学科硕士点的导师也不能很好地满足研究生的成长需要,调查结果显示:大部分硕士研究生指出导师对研究生科研创新能力的影响较大(55.6%),但是他们自定硕士学位论文选题的比例达到40.7%,由导师参与拟定学位论文的比例为 25.9%,只有 14.8%的学位论文选题来自导师指定。硕士生研究生是从本科生中遴选的具备创新潜力的人才,并不是选拔了一批科研工作者,所以绝大部分硕士研究生入学后并不具备选题或科研的基本能力。而且硕士研究生有效培养时间较短,研究生一年级需要修读各类课程,获得足够毕业的学分;研究生三年级面临完成学位论文、就业、升学等事务,只有研究生二年级可以用来开展学位论文相关的科研工作。如果硕士研究生选题得不到导师的有效指导,他们无异于"盲人摸象",这也是近年来体育专业硕士学位论文质量不高的根本原因。

此外,不少体育专业硕士研究生在开展学术研究的过程中遇到各种困难,主要包括:经费不足(22.2%)、学术氛围不好(18.5%)、研究条件较差(11.1%)、导师指导不力(11.1%)。可见,根源性问题是导师缺乏指导硕士研究生的相关条件。

跨学科招收的体育专业硕士研究生,相对于本科生源体育学科的硕士研究生,他们的英语水平较高、非体学科的专业知识较多、创新意识较强,所以普通高校体育学科硕士点采取单一导师制培养会面临困境。

4. 就业与社会需求因素

调查结果显示,59.3%的硕士研究生认为普通高校体育学科硕士点的课程设置未充分考虑毕业生的就业需要。虽然不能因此就认为普通高校体育学科硕士点的课程设置应该按照硕士研究生的意愿去调整(59.3%的人希望去高校任教,18.5%的希望去企事业单位和行政管理部门),毕竟普通高校志在培养根据自身教育资源而设置的人才目标,不是随着硕士研究生的意愿而动态培养他们,这种要求不仅是普通高校体育学科硕士点不能做到的,也是任何培养单位都不可能去实施的,其主要原因在于硕士研究生报考的时候没有合理选择自己的理想培养单位,且在成长过程中将学业进步与就业目标等同。对比普通高校体育学科硕士研究生的培养过程、社会对人才的需求及研究生的就业愿望,随着人才培养需求侧的变化,普通高校体育学科硕士点应在坚持校本特色的基础上,适当增设符合社会需求的应用型课程,但不能因此偏离人才培养初衷,况且能否"就业"并不在于毕业生上了哪些课。但是培养"一专多能"的复合型人才,能够适应社会多元化的需要,应该是硕士研究生培养的重要任务之一,除了适当增加实践类课程外,还需要具备一定的多学科、多专业知识与能力,这就要求导师团队化,并适当发展"校、政、企"联合培养模式,利用多角度、多途径、多力量提高研究生的综合素质。

(二)可行性分析

1. 研究生个体成长需求

针对研究生在普通高校体育学科硕士点学习期间的情况进行调查,结果显示:①59.3%的人认为自己目前开展的研究需要跨专业(学科)教师的指导,分别有81.5%和74.1%的学生认为自己需要学习新的运动技能和需要其他专业教师的指导。可见,普通高校招收的体育专业硕士研究生存在较大的学习跨专业(学科)知识、获得新的运动技能的内在需求。②88.9%的学生曾在科研中遇到难以解决的问题,其中70.4%的学生得到了导师的有效指导,这意味着还有将近20%的学生没有得到导师的有效指导。③88.9%的学生赞同跨专业(学科)师生互选。④研究生每周与导师讨论的时间长度不足1小时和达到3~6小时的比例均为14.8%,位于1~3小时的比例是59.3%,而29.6%的研究生认为"导师忙自己的事情,无暇指导"是造成师生间产生有效指导时间较少的主要原因。

考虑到:①导师能力有限,不可能通晓各学科知识。②体育专业硕士研究生不可能跨学科攻读学位。③导师有自己的生活和工作,无法一门心思用在研究生指导上,所以普通高校体育学科硕士点需要重视实施体育专业、体育专业＋非体育专业的多导师制,分担单一导师的工作任务,并发挥综合利用大学多学科的优质或特色教育资源,以提高教育质量方面。

2.导师工作实践的建议

关于多导师制,本研究访谈了8位普通高校体育学科硕士点的硕士研究生导师,仅1位被访者明确反对与其他导师合作培养研究生,66.7%的导师愿意与本学科、本专业导师共同指导,41.7%的导师愿意与其他高校的老师共同指导。可见,大多数导师认为多导师制有利于研究生培养,同时少数导师认为多导师制和单一导师制各有利弊。此外,虽然对硕士研究生的学位论文质量,有58.3%的导师表示不太满意、16.7%的导师不满意,但大部分(58.3%)导师基本满意当前的指导模式,他们普遍将学位论文质量问题归咎于硕士研究生不努力,而认为自己已经尽心尽责。综合而言,导师对多导师制表示赞同,但需要合理规划各位导师之间的责权利。

三、多导师培养制度实施方案

(一)多导师制培养模式

实践经验表明,普通高校体育学科硕士点可以采取校内多导师、校际多导师和校企联合、多导师等制度(曾芳等,2008),具体如下。

1.校内多导师培养制度

普通高校体育学科硕士点可以依据目前已有的体育交叉学科培养方向,结合本校师资条件以及学生发展需求,整合学校内部导师资源,形成多导师团队:①学科内多导师培养制度。体育学科内的导师依据研究方向、课题需求等进行组合,成立相对固定的多导师团队,分工协作、优势互补、共同指导培养研究生,例如D大学2021年在研究生院的组织下首批成立了三支院内导师团队。②跨学科多导师培养制度。依据研究生的学术研究需求、学科交叉、科研项目等因素,确定校内跨学科的多导师团队,开展交叉学科研究,例K大学L教授联合计算机学院的导师一起培养体育计算机方向的交叉学科硕士研究生。

2. 校际多导师培养制度

普通高校均拥有一定的学术研究特色或高水平运动项目优势,整合各个普通高校的优质教学资源,实现资源共享、优势互补,共同提高体育专业硕士研究生的培养质量。①校际体育学科多导师培养制度。高校间相互合作,共享导师资源,形成以本校导师为主,外校导师为辅的多导师团队。例如K大学与D大学利用地缘关系,共同培养体育专业硕士研究生。②校际跨学科多导师培养制度。依托交叉学科课题研究,在普通高校之间形成以体育学科为主、结合多学科融合的复合型导师团队,着重培养交叉学科的体育专业硕士研究生,例如D大学户外运动方向的导师联合旅游学、地理信息、土地资源利用等方向的校外导师,合作培养体育旅游资源开发与利用方向的硕士研究生。

3. 校企联合多导师制度

普通高校体育学科硕士点与企业、协会等合作,利用高校的理论特长和企业事业单位的实践特长,联合培养具有较好应用能力的硕士研究生,企业需要在硕士研究生修完学位课程后为他们提供不少于一学期的企业实习机会。例如D大学与中国登山户外运动协会合作,每年派送1～2名优秀硕士研究生前往实习实践,同时与万科梅沙营地等企业合作,培养营地导师、俱乐部技术总监、体育企业管理人员等。

4. 多导师制度中导师的构成

多导师制度中的导师构成通常有两种方式:①以课题和研究方向为基础的多导师团队。该团队依据课题和研究方向的需要,由校内或校际同专业或跨专业、跨学科的导师组成。硕士研究生根据研究方向和课题选择导师团队,并实行双向选择以确定责任导师、合作导师。责任导师负责全面指导研究生,合作导师负责协助指导研究生,为研究生提供相应的专业指导。②研究生依兴趣、研究方向及学位论文选题等自主选择责任导师和合作导师形成多导师团队。多导师团队成员的构成,可根据研究需要和实际条件由校内、校际同专业或跨专业、跨学科导师组成,主要由硕士研究生自主选择。

两种多导师制度各有利弊:研究生自主选择导师组成员的形式能够得到大部分硕士研究生的认可,是一种较为理想化的多导师制度,但在实施过程中存在导师间能否有效合作、培养经费能否落实等实际问题。考虑到现实情况,普通高校体育学科硕士点构建以课题和研究方向为基础的多导师团队,再由学生根据自身需要,进行双向选择,可能是一种较为可行的办法。

第八章　合作共赢,探索具有校本特色的多导师制

(二)多导师制面临的挑战与对策

多导师制在实施过程中会遇到一些挑战,大部分导师除了认同多导师制的好处外,还指出多导师制在实践中存在的问题,而且不少硕士研究生也表达了类似的担忧。

1. 多导师制有名无实

多导师制在实施过程中会出现由于导师增多,研究生不知如何有效获得指导,最终出现无人指导或落回责任导师负责的单一导师制。主要缘于:①多导师制的管理机制不健全。多位导师之间的权责利、指导任务划分不清,导师与导师之间、导师与研究生之间的交流模式不顺畅,各位导师支持研究生成长的资源供给、分配不明确;②导师受单一导师管理思维禁锢,未能重视多导师合作指导的意义,使多导师制名存实亡;③企业导师忙于本职工作,对硕士研究生的指导和培养不够重视。如何厘清多导师制下导师、研究生的指导关系,是决定多导师制能否可持续健康发展的关键之所在。

2. 导师组成员的能力差异

调查发现,不少年纪较大、学历较低的导师特别支持多导师制,他们认为自己可以给硕士研究生提供专业技能发展方面的支持,但需要其他导师提供科研方面的支持。由于普通高校体育学科硕士点现有师资队伍中缺乏高水平科研教师,而非体育专业导师与上述导师之间没有科研工作联系,同时上述导师也有学术思考,并一定能够完全接受其他导师的指导意见,所以在研究生指导过程中发生的学术观点差异、指导关系脱节、培养资源错位,导致多导师制难以落地实施。因此,协调好导师组成员之间的合作关系,在实践中显得尤为重要,应尽量由学术观点大致相同的导师组成多导师团队。

3. 研究生的发展方向不明确

由于多导师团队涉及的专业和研究方向多元化,所以研究生接触和发展的知识会随之增多。而拓展知识面和研究方向是实施多导师制的初衷,但普通高校体育专业硕士研究生的学习能力和领悟能力,是否满足多元知识转化生成的需要,将影响多导师制的实效。部分研究生指出,知识点变多、知识面变宽,可能扰乱他们的知识视野,甚至迷失发展方向。因此,各位导师在指导时应考虑研究生的知识背景、兴趣爱好和发展目标,在责任导师的主持下共同制订集体指导方案,因材施教式的帮助研究生进行卓有成效的多元化发展。而研究生也应实事求是地提出和选择学习计划,不能好高骛远或见异思迁,应根据导师团队的运动

技术特点和研究方向,确定个人的学习目标。

四、多导师制的实施方案

(一)研究生培养目标及要求

1. 培养目标

培养具有多学科知识、交叉学科研究能力的创新型、高水平体育专业人才,满足社会发展过程中对复合型体育人才的需求。

2. 培养要求

(1)具备马克思主义基本理论、良好的专业素质和职业道德,积极为社会主义现代化建设服务,为促进体育事业发展作出贡献。

(2)具有系统的专业知识,能够胜任体育教学、运动训练、竞赛组织和社会体育指导某一领域的实际工作。

(3)具有体育学科研究能力、体育工作创新能力,能够从事体育交叉学科研究。

(4)掌握两门及以上的运动技能,或两门及以上学科的基础专业知识与研究方法。

(二)对导师的要求

1. 导师遴选

(1)严格按照国家、高校的相关政策遴选硕士研究生导师。

(2)企业导师遴选时应着重考虑导师的实践能力、管理经验、能够提供的育人资源。

(3)校外导师遴选时应着重考虑导师的学术水平和能够提供的育人资源。

2. 多导师团队构成

(1)支持责任导师以课题和研究方向为基础,牵头成立多导师团队,团队规模以3~5人为宜。

(2)对多导师团队给予必要的办公场所、经费支持,同时定期进行考核,既给予必要的业务指导,也鼓励导师团队结构优化。

(3)积极吸纳跨学科、校外、企事业单位的高水平人员进入导师团队。

(4)着重考察多导师团队的指导实效。

3.导师职责

(1)多导师团队负责人:①遴选导师团队成员,组织开展集体指导动作;②负责团队建设、发展和优化;③发挥集体力量对硕士研究生的学业、生活、学位论文、发展等给予多元化指导。

(2)多导师团队成员:①在责任导师的统一调配下指导硕士研究生;②为硕士研究生提供跨学科的学术指导、实习实践机会等。

(三)双向选择

多导师团队采取双向选择机制:硕士研究生入学后1个月内,在研究生秘书的指导下,自行选择多导师团队;多导师团队将根据硕士研究生的意愿、专业背景、能力特征等进行评估遴选。最终,师生双方意见一致的研究生进入相应的导师团队。

(四)培养时间

(1)多导师团队的各位导师每学期通过学术研讨、专题报告、集体讨论、专业授课、实习实践等方式,对团队内的硕士研究生至少进行2次指导。

(2)多导师团队每周至少对硕士研究生进行1次集体指导。

(3)校企联合、校际联合的多导师团队,可以通过线下和线上相结合的方式,对硕士研究生进行指导,同时需要为每名硕士研究生提供不少于一学期的实习实践机会。

(五)考核方式

(1)研究生:除了学分、学位论文、实习实践等常规评价指标外,还要通过学术答辩、实习考察、培养汇报等方式,考核硕士研究生的多学科、多元化培养效果。

(2)多导师团队:重点考察硕士研究生多学科知识、科研方法、实践应用能力的发展情况,以及团队建设、发展和优化工作成效。

(六)支持举措

普通高校体育学科硕士点成立由分管研究生教育的副院长(主任)负责的工作小组,对接多导师团队的培养工作,及时发现问题和提供支持,协助多导师团队较好地实现育人目标。建议合作企业、事业单位成立企业导师工作小组,负责制订和优化培养工作方案,着力推进硕士研究生培养与企业事业单位成长融合发展。

五、结论与建议

单一导师培养硕士研究生,既是我国硕士研究生培养的传统模式,也是普通高校体育学科硕士点师资力量不足的原因。因为硕士研究生培养工作需要,以及普通高校培养体育专业硕士研究生的特色与优势,较为明显地突出了单一导师制的不足,从而促使多导师制得到重视。为有效发挥多导师制的实践价值,本研究建议:

(1)普通高校体育学科硕士点成立以课题和研究方向为基础的多导师团队,由研究生根据自身需要进行申请,导师团队进行双向选择,建立较为和谐的导学关系。

(2)普通高校体育学科硕士点应打破校本主义,充分利用外单位的优质教育资源,通过联合培养,补充学术、学科和专业资源,培养具有多学科、多专业、多能力的复合型体育专业人才。

(3)多导师制在实施过程中应结合政策因素、教学条件、导师因素、成长需求等实际情况,采取责任导师负责制,给予必要的物质和经费支持,落实组建高水平多导师团队。

(4)拓展跨学科、跨高校、跨单位(校企、高校-协会、高校-政府部门)联合培养体育专业硕士研究生的平台,积极吸纳合作单位的优秀师资担任导师,强化多导师制的培养实力。

(5)制订支持多导师制的管理政策,既可避免不良因素的影响,又可激发多导师制下导师与研究生的积极性,还能规范相关支持措施和考核条件,多方聚力以充分发挥多导师制的育人效能。

第九章　精细化培养,打造具备差异化竞争力的优秀人才

体育专业硕士研究生,是掌握体育基础理论知识和某一运动技能,并拥有独立完成体育科研工作的能力,具备向博士研究生发展潜力的学生群体,其就业竞争力指他们个人所具有的能够满足就业市场需要的专业能力,对就业单位具有较好的吸引力。当前我国经济由高速发展转向高质量发展,为体育专业硕士研究生就业提供了机遇,有助于推进体育专业硕士研究生的培养质量。但综合而言,我国研究生教育质量有待提高、培养模式有待转变,就业形势愈加严峻(于菲等,2019),需要采取有针对性的措施以进一步提升毕业研究生的就业竞争力。

一、普通高校体育专业硕士研究生就业竞争力存在的突出问题

当前我国体育专业硕士研究生的就业竞争力主要面临以下问题。

1. 体育专业轻视化、培养方向模糊化

基于我国建设体育强国、健康中国的大背景,越来越多的高校对体育专业给予高度关注,纷纷申请创办体育学科硕士学位点,并根据自身特色制订相应的培养方案,旨在全方位地提高硕士研究生的就业竞争力。然而,部分高校对体育学科持固有观念,容易轻视体育专业硕士研究生的培养工作,例如D大学某副校长在指导本校体育专业硕士研究生培养时提出"你们不需要专门建设科研平台,找校内的相关单位合作,在攀岩馆、体育馆里面安装一些测试器材,采集一些数据,这就是很好的科研平台"。这种观念的广泛存在,且能深刻地影响普通高校体育专业硕士研究生的培养质量。显然,培养具有较好创新精神和能力的体育专业硕士研究生,不只是采集一些数据那么简单,因为数据采集工作的前提是科学问题。普通高校由于缺乏正确的思想引导、对研究方向和未来规划模糊不明,且对理论课程教育过度重视,造成体育专业硕士研究生的社会适应能力和运动技能明显下降,在学科交融的教育现象下、诸多应届毕业生的对比中,逐渐丧失竞争优势。

2. 研究重心倾斜化、课程设置理论化

普通高校体育专业硕士研究生培养采取单一导师制,以一带多(个别导师同时指导的硕士研究生超过 15 人),凭"一己之力"推进硕士研究生提高个人综合能力,那么导师与研究生的匹配度将影响培养成效。同时由于论文在硕士研究生评优评先中所占比例或所得加分的提高,也是硕士研究生申请攻读博士学位或求职的重要考察指标,而且在硕士研究生培养阶段,理论课程的教育教学相对于实践和运动技能类课程,在培养计划中占比较大,同时学位论文成为决定硕士研究生能否正常毕业的关键因素,促使体育专业硕士研究生的培养重心明显向学术方向倾斜。因此,形成导师观念主导化、研究重心学术化、课程设置理论化等现实情况,造成普通高校培养的体育专业硕士研究生"重文轻技",不仅无法有效体现校本特色,而且应用型高水平体育专业人才的培养目标都很难实现。

3. 就业方向局限性、人才需求低匹配

影响就业竞争力的因素不仅包括硕士研究生自身的能力素质,社会因素也在其中扮演着重要角色。由于以体育为导向的大众体育行业就业范围较为狭窄、选择性小,体育专业硕士研究生毕业生所能选择的就业方向有限,大多数毕业生将体育教师、高校辅导员作为理想职业,而从事体育器械研发、体育培训、体育赛事组织等社会型体育行业的毕业生较少。随着就业市场竞争日益激烈,普通高校体育专业硕士研究生的就业形势也变得更加严峻,目前有不低于 30% 的体育专业硕士研究生在毕业当年无法就业,大约 10% 的人最终未能从事教职或进入企业事业单位,而是选择创业或灵活就业。可见,人才供给与社会需求出现偏差是导致体育专业硕士研究生就业困难的主要原因,并且体育专业硕士研究生对就业意向的高度期望,使其倾向于高稳定性、高收入性和高社会认可度的职业,与目前市场需求不匹配。

二、提升体育专业硕士研究生就业竞争力的理论基础

提升体育专业硕士研究生就业竞争力需要多因素共同作用,包括研究生本人、普通高校、就业市场等相关群体公共发力,才能真正实现提升毕业生就业竞争力的目标。正确的理论导向有利于在实践中更好地指引发展方向,国内外与硕士研究生就业竞争力相关的理论较多,本研究根据体育专业硕士研究生的就

第九章　精细化培养,打造具备差异化竞争力的优秀人才

业特征,选取值得借鉴的理论予以介绍,具体如下。

1. 个体-环境互动理论

硕士研究生的教育质量取决于研究生群体与院校之间的实践互动(于苗苗等,2018)。同时基于研究生社会化、德智体美劳全面发展的重要性以及探究其就业质量影响因素的必要性等方面的考虑,为进一步提高普通高校体育专业硕士毕业生的就业竞争力和就业质量,首先,应全面提高研究生的个人能力,除了加强课程教育外,还要尽可能多地支持他们参加学术研讨、课题研究、实习实践、挂职锻炼等活动,着力增强他们的创新应用能力,用"真本领"夯实他们的就业竞争力;其次,应重视开设体育专业职业生涯规划课程,提高体育专业硕士研究生对就业前景、职业发展、知识结构等相关信息的重视,以及形成正确的求职和就业观,引导研究生主动适应就业市场的要求;最后,引导体育专业硕士研究生在学习、实践、生活中合理面对各种挑战,增强社会适应的心理状态,建立通过不懈努力实现就业目标的心理韧性。

2. 高质量就业多塔结构理论

高质量就业是在实现高就业率的基础上,国家、社会、用人单位、高校和毕业生各利益相关者的利益达到均衡满足的状态(马永红等,2018)。根据多塔结构理论,各利益相关者对体育专业硕士研究生的就业期望,最终反映为是否实现高质量就业。如图9-1所示,在宏观层面上追求高就业率、创业率、深造率,这就要求普通高校培养体育专业硕士研究生的目标与社会需求高度契合;在中观层面上要求体育专业硕士研究生拥有较高学历、出色的胜任能力、满足工作单位需求,这就要求普通高校重视体育专业硕士研究生的学科知识培养和专业特色认同;在微观层面上体育专业硕士研究生的实际能力与期望职业、期望收入的符合度、就业满意度、工作对未来个人发展的重要性等方面能否达到其本人的预期目标(马永红等,2018)。综合而言,为提升体育专业硕士研究生的就业竞争力,就业管理部门可综合考虑毕业生就业所涉及的多方利益相关者诉求,并结合研究生培养现状完善就业结构体系、搭建大范围的就业信息大数据平台,确保学生实时了解就业数据;同时,高校需完善研究生的培养模式,使其既符合研究生阶段的培养体系,又与发展方向、社会需求相衔接,切实关注学生发展,尊重学生差异性、做到具体问题具体分析,最终实现硕士研究生毕业后高质量就业的目标。

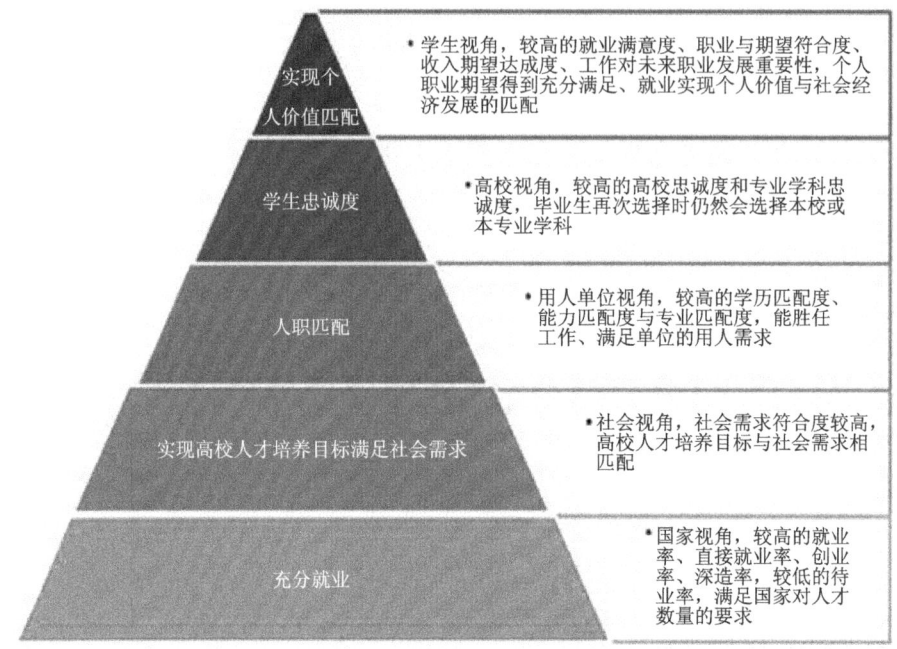

图 9-1 硕士研究生高质量就业多塔结构内涵示意图

3.人力资本理论

人力资本作为经济增长的核心因素,其附属的专业化知识和人力价值是影响经济收益的根本原因,所以社会发展要以人为本,肯定人在社会、经济建设中不可替代的创造性价值(杨勇和孙淑萍,2016)。提升人力资本的途径包括学校教育、医疗保健、在职培训等形式,这意味着体育专业硕士研究生可以通过学校教育、实习实践等学习方式提高自己的就业竞争力,最终达到在就业市场脱颖而出、获得理想阶层岗位的目标。如图 9-2 所示,体育专业硕士研究生的人力资本价值集中体现在体育学科能力、体育学科知识、体育学科技能等方面(李静,2012)。提高体育专业硕士研究生的就业竞争力,首要任务是提升他们的人力资本价值,帮助他们以更完备的知识体系、更全面的实践能力,在激烈的就业竞争中脱颖而出。由于提升体育专业硕士研究生的人力资本面临着投入有限、方式单一、机制传统、效率低下等多个现实问题,亟待采取有针对性的措施予以有效改善,所以培养过程应重点完善研究生的知识、技能、能力和德行,通过毕业生、用人单位、学校三方面合作,最终实现普通高校培养体育专业硕士研究生既符合校本特色的体现,也满足合体育用人单位对特色、特长型特殊人才的需求(图 9-3)。

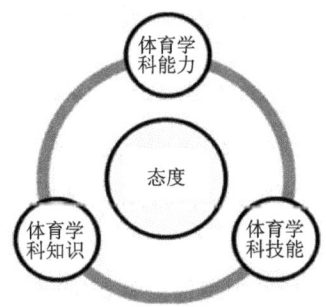

图 9-2　体育专业硕士研究生人力资本结构图

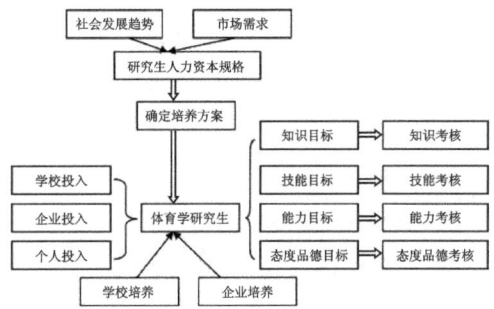

图 9-3　体育专业硕士研究生人力资本培养模式

三、提高体育专业硕士研究生就业竞争力的对策

1. 改革人才培养模式、关注综合素质全面发展

因学位论文在硕士研究生毕业评价中占主导地位,以及教学考核对硕士学位论文的要求日益严格,导师对体育专业硕士研究生的培养学术化倾向不断加重,即使对专业学位硕士研究生的培养也被迫以学术为主。在此背景下,虽然体育专业硕士研究生更应注重运动技能、实践能力方面的培养,而且普通高校培养的体育专业硕士研究生还需着重突出校本特色,但受大环境的影响均转而重视学术训练,造成高水平运动技能型体育人才稀缺,呈现出培养工作与社会需求逐渐脱节的现象。在制订体育专业硕士研究生培养计划时,在确保科研能力得到充分训练的前提下,要构建培养特色、能力目标和育人条件相契合的培养方案,确保那些运动技能较好、运动兴趣较高的非学术、高技能型人才得到有效培养,从而奠定他们的差异化竞争优势。普通高校在培养体育

专业硕士研究生的过程中,应鼓励和支持他们积极参加实习实践活动,通过参加各种体育学科竞赛、体育行业展演、体育企事业单位实习、社会体育志愿服务,帮助他们实现综合素质全面发展。因此:①导师不能一味要求体育专业硕士研究生写好论文,更要因材施教,对非学术型人才提供良好的实习实践机会,在培养环节实现研究生差异化成长,既凸显人才能力特色各异,也避免人力资本内耗;②培养需要常态化建设一支包括校外高校、中小学、企业、事业、行政、协会等多种利益相关主体在内的兼职导师队伍,并通过开课、讲座、实习实践、挂职、指导等方式,落实兼职导师制度,切实利用好多方面的优质资源支持体育专业硕士研究生多元化成长;③加强导师队伍培养,既要将不合格的导师"清理"出去,也要将优秀导师及时纳入,还要对导师进行有针对性的培养,不能寄希望于各位导师成为方方面面都优秀的万能型人才,但要着力打造一支整体上可以凸显普通高校体育学科硕士点特色、拥有一技之长的高水平导师队伍。

2. 完善准入准出制度、提高人才培养质量

调查发现,大部分普通高校体育学科硕士点应届毕业生当年就业率(含升学)不超过50%,许多毕业生抱怨学校没有教给他们找到理想工作的本领,其根源在于:①不少体育专业硕士研究生在毕业前抱有"高学历"就能就业的幻想,一旦遭遇就业困难,不是去总结个人原因,而是归罪于培养单位指导不力;②招生管控不力,原985、211高校体育学科硕士点招收的大部分硕士研究生第一学历层次较低,例如D大学体育学科硕士点招收的硕士研究生中超过70%的人来自地方性高校,甚至是民办高校、专科院校,这些毕业生在求职时普遍面临第一学历门槛低和缺乏与硕士点相匹配的特色体育专业能力。这就要求普通高校体育学科硕士点负责人要从长远和高质量发展的角度出发,着力优化生源质量:第一规定考生第一学历不低于省级"双一流"学科、省级重点学科;第二着重考查考生的体育运动能力,除了面试演示外,还应要求提供参赛获奖证明、运动等级证书等;第三要求考生提供明确可行且获得所报考导师认可的个人发展规划,从培养的初始阶段就做到"有的培养";第四考虑到普通高校体育学科硕士点没有处于生源上游,可以通过加大调剂生源数量的方式,提高生源质量,并可以适当削减招生规模。通过采取"严进、严教、严出"的方式,用高质量的人才培养方案提升高水平的就业竞争力。

四、影响普通高校体育专业硕士研究生就业竞争力的因素与建议

(一)体育专业硕士研究生就业竞争力的现状分析

1. 调研情况

本研究包括两个阶段:

(1)2021年11月3日—12月7日,利用问卷星平台发放电子调查问卷,通过D大学的体育教师、辅导员、研究生秘书等,将电子问卷形式发放至该校体育专业硕士研究生的微信群,邀请各位同学作答。共收集问卷111份,其中有效问卷105份,有效回收率94.6%。其中2019级在校硕士研究生18份、2020级在校硕士研究生16份、2021级在校硕士研究生19份,毕业生52份。研究者将收集到的信息进行编码,并将调查数据录入Excel 2007中。利用李克特5点计分,对评价影响程度的指标进行评分,从"毫无影响"到"影响非常大"分别计1~5分。调查对象包括($N=105$):男生73人(69.52%)、女生32人(30.48%);中共党员(含预备党员)61人(58.11%);学硕50人、专硕55人;户外运动方向77人(73.33%);本科为体育专业的91人(86.67%),其余13.33%的研究生为跨专业;1/3的人(35人)没有通过大学英语四六级考试,71.43%的人(75人)没有取得体育运动等级证书,另外30名研究生中含国际级健将1人、国家级健将2人、国家一级运动员18人和国家二级运动员9人。

(2)2022年10月7日—11月11日,通过微信朋友圈转发电子问卷链接,问卷发放时告知D大学生的体育专业硕士研究生不要关注,以避免重复填答。共收集调查问卷192份,有效问卷177份,有效回收率92.2%。其中湖南省硕士研究生42份、湖北省硕士研究生53份、山西省硕士研究生30份、河南省硕士研究生31份,其他省份21份。问卷收集的数据信息处理方式和评价标准与上述一致。研究对象包括:在校生85人、毕业生92人;男生82人(46.33%)、女生95人(53.77%);中共党员(含预备党员)58人、团员55人、其他党派10人、群众54人;学硕86人、专硕91人;体育教育训练学方向104人(58.76%);43人没有通过大学英语四六级考试;60.5%的人获得国家二级运动员及以上的体育运动等级证书,其中国际级健将14人、国家级健将42人、国家一级运动员37人。

2. 体育专业硕士研究生就业竞争力存在的突出问题

1) 就业途径单一,以体育教师为主

调查结果显示(图9-4),目前D大学毕业的体育专业硕士研究生中总就业率为96.15%,有50人的就业状态稳定,职业包括高校教职工39人、中小学教职工3人,其余状态包括3人继续攻读博士学位、就职事业单位2人、公务员(选调生)1人、军队文职1人、私营企业1人。

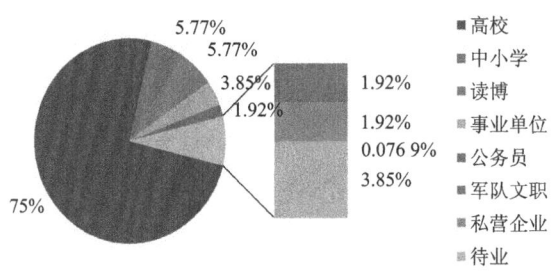

图9-4 普通高校体育专业硕士研究生就业分布图

可见:D大学有超过八成的体育专业硕士研究生毕业后选择投身教育行业,其次为事业单位,很少有毕业生去企业工作。可能缘于学校工作比较稳定,同时薪资待遇、工作环境、福利等方面相较于其他部分行业具有一定的优势。此外,目前针对体育专业硕士研究生的培养,倾向于体育专业知识的理解、习得和传授,毕业生的专业素质与体育教师岗位需求较为契合,而且进校工作成为许多"师兄师姐"的选择,继而在体育专业毕业生中形成代际传递效应,所以许多毕业生依然将"当老师"作为自己的首位职业选择。随着普通高校整体育人环境的变化,以及体育专业师资队伍建设取得明显成效,在毕业后发展选择上,除了进入学校任教外,D大学从2019年开始有个别体育专业硕士研究生继续攻读博士学位,2023年达到高峰期,总共有6名毕业生(含1名往届生)升学,这代表着我国普通高校培养体育专业硕士研究生的成效取得了阶段性进步,从培养术科型人才向培养学科型人才的复合型方向发展,无疑拓宽了普通高校培养高水平体育专业人才的道路,也有利于改善普通高校体育专业硕士点的社会声誉。同时,少数毕业生进入公务员、军队文职、事业单位工作,人才发展方向多元化,既体现了普通高校体育学科硕士点积极满足社会多元化需求,也提醒普通高校体育学科硕士点需要主动调整和完善人才培养模式。

2) 就业意向狭窄,主要偏向高校教师

就业意向和就业观念代表着硕士研究生对自身就业取向的主观设定,以及他们对未来工作单位的预估和设想,也暗示了普通高校体育专业硕士研究生对自己的专业技能、理论知识储备和其他专项素质发展水平的综合评估。他们在择业定位上的权衡结果,与研究生对自己实际情况的判断、理想工作岗位的选择、自身就业观念等方面,存在很强的联系。对D大学体育专业硕士研究生的就业意向调查结果显示(图9-5):有31名同学想去高校任职,4名同学想去中小学任职,总共占比为66.04%;有5名同学想担任公务员,占比为9.43%;4名同学想去事业单位、3名同学想继续攻读博士学位、2名同学打算进入私企,还有4名同学选择了"其他"就业方向。综合而言,目前D大学体育专业硕士研究生的就业意向主要倾向于任教,其次是公务员,而选择继续攻读博士学位的研究生不断增多。可见,工作稳定、收入待遇良好、职业成长等是普通高校体育专业硕士研究生选择毕业后去向的首位意向。

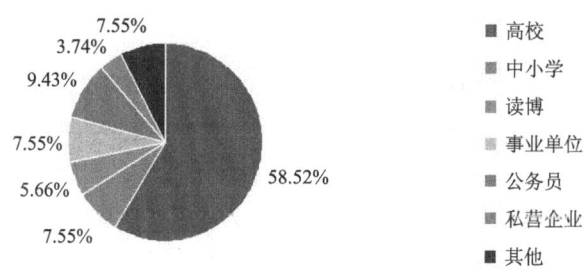

图9-5 普通高校体育专业硕士研究生的就业意向

3) 就业观念保守,创新创业意识不强

调查D大学在校和已毕业的,以及国内其他高校的体育专业硕士研究生的就业意愿,结果显示(图9-6):D大学体育专业硕士研究生进高校任职的意愿明显偏高,而读博和进中小学任职的意愿明显偏低。这可能缘于:①D大学培养的户外运动方向硕士研究生迎合了当前我国户外运动、体育旅游的发展需求,已有毕业生大都进入大学任教,对后续研究生的就业意向起到了示范作用;②体现了普通高校培养体育专业硕士研究生的特色优势,如果能够利用好校本特色,普通高校培养毕业的体育专业硕士研究生还能进入高校任职;③其他高校体育专业硕士研究生已经将面向高校任职的就业意向调整到中小学,并且这些高校体育专业硕士研究生的读博意愿较高。这提示:普通高校需要尽早引导体育专业硕

士研究生转变就业观念,既要考虑多元化就业,也要重视瞄准合适的就业层次。

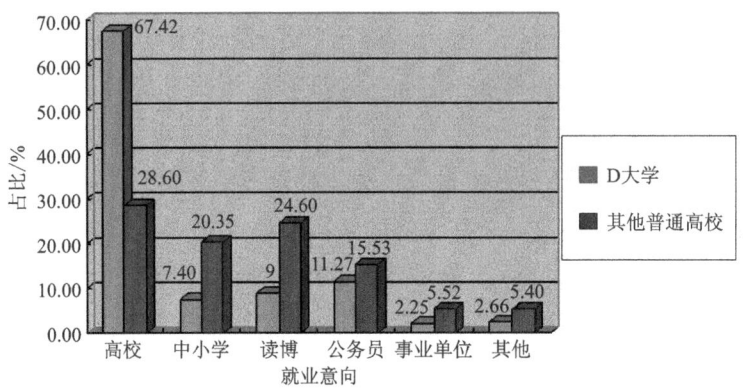

图9-6 D大学与其他普通高校体育专业硕士研究生就业意向比较

五、提升普通高校体育专业硕士研究生就业竞争力的对策

(一)优化课程教育模式

课程教育模式是指在教育体系中,专门以课程为核心的教育方式。它以课堂教学为主,向学生传授知识和技能,并通过考试和作业来评估学生的学习情况。课程教育模式的重要性在于它提供了一个系统化、结构化的教育体系,使学生能够得到全面、有序的知识和技能。

1. 明确课程培养目标

各高校关于体育专业硕士研究生培养目标的设定与教育部发布的硕士研究生指导性培养方案基本保持一致,旨在培养德智体美全面发展,具有先进体育理念、较高专业素养和良好体育职业技能的高层次、应用型专门人才(陈蔚和田丹,2017)。除此之外,普通高校体育学科硕士点还应培养研究生具备校本特色的、排他性的、差异化专业素养,培养目标应体现"以学生为中心""以社会需求为导向""以能力提升为主体",适应社会对多元化、新兴体育的需求,着重解决我国体育事业在发展过程中遇到的特殊问题、个别现象、前沿项目的时代诉求,提供"特"型体育专业人才,这就是为什么D大学培养的户外运动专业硕士研究生能够受到就业市场的青睐。

2. 优化课程结构

课程结构设置对硕士研究生的知识结构产生较大影响,普通高校培养体育

第九章 精细化培养,打造具备差异化竞争力的优秀人才

专业研究生的课程教学,应紧密联系国家和社会需求(王艳艳,2015),在开设学校统一设置的课程基础上,紧紧围绕专业特色、凸显专业特色和强化专业特色的角度去开设、建设和凝练课程,而不是盲目地参照体育专业院校或教育学院开设的课程,从而通过"特色"鲜明的课程结构,生成人才培养目标的特色。可以采取如下策略:①依托开展"有组织的科研"这一时代议题,凝练导师队伍,加快推进将校本特色体育项目或体育资源上升为特色体育学科知识体系,例如D大学自主开设了"山地户外运动""户外运动史""攀岩"等课程,形成了以户外运动为特色的课群,也夯实了以户外运动为特色的课程育人基础;②理论与实践相结合、校本与院本特色相结合、固定与灵活相结合,培养具有应用、思辨、创新能力的高水平人才;③根据毕业就业和就业市场反馈,针对人才毕业后发展的需要和本专业人才培养的目标,面向社会和市场开设一些专业课程,例如D大学向体育专业硕士研究生开设的"营地教育"等课程,就体现了户外运动发展的新潮流。

3.突出实践应用技能

面向社会、服务社会和助力社会发展是培养体育专业硕士研究生的最终目标,而且普通高校体育学科硕士点在人才培养目标上无法跟体育专业院校相比,很难培养出优秀的理论型人才,所以实践应用能力的提升应是普通高校培养体育专业硕士研究生的重点任务。在课程设置方面,应适当提高实践类课程,比如支持研究生参加中日韩登山活动、专门组织开展山地户外运动实习、要求"运动训练"专业硕士研究生担任校队助理教练等;在课程教育方面,应尽量减少课堂教学时数,将人才培养的课堂放置在操场、训练馆、营地教育基地等。常态化建设以实践应用为目标的落地培养课程模式,帮助研究生生成较高水平的实用能力。

4.注重学科交叉教育

不少高校根据自身特色,以"课程建设"为中心,设立跨学科专业学位和跨学科教学课程,构建制度性的交叉学科培养模式,以促进研究生知识结构的完善和创新思维的养成(陈蔚和田丹,2017)。体育学的多元交叉属性,在社会发展实践中已经体现出较强的应用价值,例如"体育+旅游""体育文化""体育新闻""AI+体育"等领域都需要既懂体育,又懂相应学科知识的专业人才,所以普通高校可以依托本校优势和优质学科,与体育学科硕士点合作,共同培育新的学科生长点,同时培养新型体育交叉学科硕士研究生。

(二)导师制培养模式改革

导师在硕士研究生学业成长过程中发挥着重要作用,普通高校体育学科硕士点的硕士生导师,均应具有较好的特色体育专业知识与技能,这将直接关系体育专业硕士研究生的培养质量与就业竞争力,例如D大学培养户外运动方向硕士研究生备受就业市场欢迎,但培养的传统体育专业方向硕士研究生遭遇较大的就业竞争压力——既没有普通高校体育学科硕士点的专业特色,也没有体育专业院校硕士点的学科底蕴,所以普通高校体育学科硕士点需要积极推进导师制改革。

1.着力提升导师队伍质量

导师是硕士研究生培养的第一责任人,所以建设一支优秀的导师队伍是普通高校确保和提高体育专业硕士研究生培养质量的前提:①引导导师出校研学,现在有出国访学、国内访学、国内外学术会议等条件,可以提供体育老师外出交流学习的路径,普通高校体育学科硕士点应做好规划,从经费、教学等方面给予扶持政策,支持导师外出学习,更新教育理念和教学方法,开阔眼界和提高知识水平;②构建一支以本校体育教师为主,交叉学科教师和校外人士为辅的综合型导师队伍,弥补校内导师人数不足,确保招收的硕士研究生均能接受较高质量的培养;③主动促进体育学科导师与跨专业人员合作,通过承担课题研究、建设实习实践基地、共建高水平课程等方式,鼓励导师队伍交叉化发展;④适当引进外籍导师,目前我国普通高校体育学科硕士点基本没有引入外籍导师或外籍教师,这不符合教育全球化发展的潮流趋势。普通高校体育学科硕士点需要清醒认识到自有师资队伍的强项与弱点,改变"进人优化"或师资队伍自动优化的落后观念,要主动作为,根据学位点的发展特色,有目的地打造一支高水平的导师队伍。

2.完善导师联合培养机制

合作共赢、交叉发展、多元奋进等理念已经在高校人才培养中发挥明显成效,随着中央政府对交叉学科的重视与支持,体育学科硕士点应该积极发挥专业特长,深化与相关学科的联系:①组建校内交叉学科导师团队。学位点向导师团队提供办学经费和场所,支持校内不同专业的教师参与体育专业人才培养,利用非体育学科的前沿知识与技术,解决体育学科面临的突出问题,在此过程中强化交叉学科导师团队的合作关系;②组建跨校交叉导师团队。我国不少高校尚未获批体育学科硕士点,但是这些高校拥有的优质师资,可以通过兼职导师、外聘导师、客座研究员等形式,聘请为体育专业硕士研究生导师,利用他们的优质师

第九章　精细化培养,打造具备差异化竞争力的优秀人才

资提高普通高校体育学科硕士点的育人质量;③组建跨行业交叉导师团队。普通高校体育学科硕士点培养的研究生重在承担社会体育发展需要,所以体育学科硕士点要主动走出去对接社会需求,即将所有的优质体育学科知识赋能社会体育组织发展,又将社会组织中的优秀人员吸纳进入导师团队,形成"学用合作"关系,培养具有较强应用能力的人才。

3. 多元化人才培养模式

由于导师可调用的育人资源、普通高校体育学科硕士点的平台特征、体育专业硕士研究生个人发展目标等存在明显差异,所以人才培养模式不能搞一刀切,也不可能通过千篇一律的培养模式获得具有特色明显和差异化竞争力的人才,可以采取导师(个人培养)、课程(集体培养)+工作坊(组织培养)的复合型人才培养模式。体育学科硕士点研究生管理部门定期邀请专家学者,开展针对研究生创新能力、实践能力、知识水平提升的工作坊,有目的的专题讲解他们在学习过程中所遇到的知识转化应用障碍,科研方法选择,学习思维、科研成果呈现等方面的问题。这种复合型培养模式在创新思维培养、创新知识学习和创新技能传递的总体过程中表现出明显的优势。硕士研究生参加此类培养模式时,除了获得导师和课程教育的效益,尤其是专门的学习工作坊外,可以有的放矢地提高其专项能力。已有研究指出,硕士研究生创新能力工作坊与导师+课程的传统培养模式有效互动,能够最大限度地提高研究生的科研感悟,进而提升研究生个体将体育知识与转化成技术实践的创新能力(邵凯和董传升,2018)。

(三)提升理论与应用能力

1. 坚持理论联系实践

体育专业硕士研究生培养结果"不文不武"的现象已经引起社会的高度关注,尤其是普通高校体育学科硕士点的办学初衷是培养具有校本特色体育专业能力的"特殊"人才,但是在培养过程中受毕业考核、学位点评估、专业建设评价指标等多种因素的影响,特别是"学位论文"这根指挥棒,逐渐将普通高校体育学科硕士点从培养应用型人才的道路偏向培养理论型人才。考虑到体育工作岗位对人才胜任能力的要求,培养工作应坚持"理论与实践并重,基础与前沿交融"的培养模式。同时普通高校体育学科硕士点需加强实践类课程建设,提供理论知识得以实践运用的平台,例如在课堂教学过程中,将理论与实践穿插进行,密切结合体育教学、社会体育、运动训练、体育竞赛等实践问题(邵凯和董传升,2018),还可以将教学工作搬到实践第一现场,根据学生在教学实习、企事业单位

实践、创新创业训练过程中遇到的问题,专门组织教学内容、创设教学场景、聘请教学专家,帮助同学们得到充分的锻炼与提升。

2. 提升理论水平

具有较强的理论水平是对硕士研究生的基本要求之一,这是支持他们开展科学研究和进行理论创新的前提。实践表明,普通高校体育专业硕士研究生的理论水平除了依托自学、导师传授、科研等途径提升外,还应:①邀请专家学者来校讲学,通过聆听前沿知识,以及研究生与专家学者之间的问答互动,可以帮助他们比较快速地提高理论水平;②提供研究生旁听非体育专业课程的条件,有针对性地提高基础理论知识;③适当提供科研经费,支持研究生开展科研工作,帮助他们在做中学;④加强对导师队伍的科研考核,发挥导师的传帮带作用,使研究生尽快进入知识发掘和创新的过程。

3. 增强应用能力

特色体育实践应用能力是普通高校体育学科硕士点的育人抓手,这既包括体育专业硕士研究生具备传授和传播体育专业知识技能的能力,也包括他们能够将所掌握的体育专业知识技能用于助推全民健身、健康中国建设,还涉及他们解决社会体育发展问题的工作,需要全方位地考验研究生的综合素质。因此需要从以下几点出发:①加强实践性教育,支持体育专业硕士研究生通过下队服务、到合作单位实习实践、参与教学科研活动,切实提高他们的实践应用能力;②广泛共建研究生实习外实践基地,探索校企合作、产学研合作、产教融合、政校合作、高校与体育协会合作等有效模式,打通体育专业硕士研究生参加实践的通道;③重视案例教学、实例教学、现场教学,让体育专业硕士研究生在实践教学场景中提高实践应用能力;④推进创新创业教育,将体育专业硕士研究生实践应用能力的提升动能置于个人主观能动性之上。

(四)面向就业市场的培养工作改革

高校毕业生进入就业市场不再是以学历为主,多元化的用人岗位提出了复合型人才需求,所以普通高校体育学科硕士点在制定人才培养目标时,除了重视凸显校本特色外,还要遵循人才需求变化,将"为社会培养我能培养的人才"调整为"为社会培养急需的人才",着力提升体育专业硕士研究生形成满足时代需求的胜任能力。

1. 培养"一特多能"的复合型专业人才

"特色"育人资源是普通高校体育学科硕士点的培养优势,也是其在育人过

第九章　精细化培养，打造具备差异化竞争力的优秀人才

程中需要重视和凸显的地方。由于社会发展对新型体育专业人才能力的要求趋于复合化，这就提出普通高校体育学科硕士点着重培养"一特多能"型人才的目标任务。相较于体育专业院校已经形成较为成熟的传统人才（如体育教师、教练员、社会体育指导员）培养模式，普通高校体育学科硕士点具有"特"色优势（如果不具备较好的特色优势，此类普通高校体育学科硕士点会面临较强的社会竞争，已经出现退潮现象），同时可以利用在公共体育教学、体育赛事组织与管理、高水平运动员培养等方面形成的优质资源，培养特色鲜明（如户外运动、数字体育、民族传统体育）、能力多元（如懂公共体育教学、体育产业开发、群众体育赛事）、规模精小的高水平硕士研究生。因此，需要从以下两个方面着手：①强化面向社会需求的办学理念，坚持知识、能力、素质并重的教育价值取向，帮助学生树立正确的价值观、培养坚强的意志品质、扎实宽厚的知识基础、提升卓越的实践能力；②加强专业知识学习和技能训练，提供将理论知识应用于实践的路径，培养研究生具有较好的科研创新和解决问题的应用能力。

2. 重视培养体育专业硕士研究生的软实力

软实力是指那些难以通过客观测试予以体现的技能，例如沟通、协调、合作、领导、策划等能力，对体育专业硕士研究生的职业生涯发展至关重要，这些能力有助于增强毕业生的社会竞争力和争取更好的发展机会。综合而言，以下途径有助于提升体育专业硕士研究生的软实力：①通过流动任职、增设岗位、扩充部门等途径，支持更多研究生参加学生社团、担任各种学生干部、策划和组织开展各种学生活动，帮助他们积累、增强和扩展工作能力；②设立体育专业硕士研究生科研启动基金、要求学术学位研究生必须有参加全国体育学科学术会议的机会、开展学术成果展演比赛等，向他们适当提供科研机会，培养研究生的演讲、思辨、公文等能力和创新、竞争、主动交流等意识；③要求体育专业硕士研究生实际进入各类社会机构实习实践，并将实际参与或承担完成某些工作任务作为实习实践成绩评价的核心指标，促使他们实践出真知，具备适应社会需求的真本领。

3. 加强体育专业硕士研究生的专项就业指导

我国高校针对本科生普遍提供就业指导服务，但对硕士研究生的就业指导较为欠缺，尤其是体育学科在普通高校的学科生态中处于弱势地位，相关就业服务工作缺乏针对性，既没有帮助他们明确自身优势、瞄准目标就业市场，也没有引导他们制订合理的职业规划，造成"不当老师就失业"的现象。因此，需要从以下两个方面抓：①普通高校体育学科硕士点应该面向研究生专门开设具有针对

性的职业生涯发展课程,邀请体育专业人士指导同学们形成合理的职业观、制订合情的职业规划、撰写合意的就业简历,引导部分毕业生争取教职、部分毕业生利用"特色"教育成果进入社会、少数毕业生争取进入企事业单位和继续攻读博士学位;②加强校企、校校、校政合作,尤其重视"订单式"培养,根据人才硬技能和软实力、社会需求导向,采取分类培养的模式,对接好人才出口与进口之间的通道。

六、提升体育专业硕士研究生就业竞争力的培养模式创新

1. 构建提升体育专业硕士研究生就业竞争力的培养模式

迎合社会新生的体育专业人才需要和发挥普通高校特色体育育人资源的新功能,是普通高校体育学科硕士点创建的关键竞争力,而这种竞争力需要引育到体育专业硕士研究生的身上,体现为普通高校体育学科硕士点的优势。因此需要从以下几个方面出发。①设置具有明显竞争优势的新课程体系。课程设置要体现学位点的育人新意和面向社会体育发展的新需,所以要争取学校研究生培养政策的支持,保证课程体系的灵活性,及时将成熟、创新的特色教育资源引入课程结构,同时将落后的课程剔除,始终保持课程教育的领先性。②帮助和支持研究生实施合理的发展目标。体育专业硕士研究生在校培养的时间较短,因为一年级研究生需要上课、适应新的学习生活、转变角色等,而三年级研究生需要考虑升学或就业,在有限的时间内不能寄希望于他们随机成才,应在入学后尽快通过科研、创业、学生社团、社会实践等途径中明确他们的发展特长,然后予以着重培养,既避免他们盲目成长,也可提高他们的积极性。③落实订单式培养。不少普通高校体育学科硕士点存在恃才傲物的观念,或者过分看重校本优势,缺少主动融入社会的姿态,造成培养单位与就业市场之间缺乏联动,所以培养单位要积极走出去,根据用人单位需要,有目的地培养满足社会需要的人才。

2. 优化培养目标

普通高校体育学科硕士点目前面临专硕与学硕培养混为一团、个体培养方案与体育专业院校混为一团、特色体育与传统体育混为一团的困境(表9-1),始终没有很好地将自身育人特色体现出来,所以要改革课程体系、有针对性地发展学生软硬实力、科学制定培养目标,将普通高校体育学科硕士点的优势体现出来。

第九章 精细化培养,打造具备差异化竞争力的优秀人才

表 9-1 专家的意见与建议

专家	意见	建议
A1	体育专业型硕士和学术型硕士培养结果质量存在同质化	根据学硕、专硕,以及学生发展方向制定不同的就业竞争力提升策略
A2	课程设置没能突出 D 大学的体育专业特色	增加特色课程设置
A3	培养目标需要进一步明确	在制定培养目标时,要将目标根据研究方向进行细化

3. 完善培养模式

已毕业和在读体育专业硕士研究生(以 D 大学为例),指出现行模式对"特色"和"实践应用能力"的培养不足,并强调了对这两种能力培养的重视。根据普通高校体育学科硕士点的办学条件和育人任务,寄希望加强育人条件以进入主流体育学科领域的目标,缺乏可行性,而应细化人才培养举措,不断强化和凸显育人的特色成效和应用能力,向用人单位提供"专""特""强"型体育专业人才(表 9-2)。

表 9-2 体育专业硕士研究生代表的意见与建议

研究生代表	意见	建议
B1	注重学生个性特长,坚持因材施教	依据学生兴趣、特长、能力等因素设置培养方案,充分发挥他们的个性和特长
B2	理论课程过多,实践课程过少	加强运动技能素质,提升课程质量
B3	体育学专硕与学硕培养差异性不大	突出特色,进行差异化培养
B4	实践教学实效性不高	建立研究生实践教学基地
B5	专业学位研究生"双导师制"机制失效	进一步完善、落实"双导师制"培养模式

七、建 议

1. 细化培养目标，实施差异化培养策略

学术型与专业型硕士研究生应该根据研究生不同的层次类型以及研究方向制定培养目标。学术型体育研究生更偏重理论，而专业型体育硕士研究生则更加偏向实践应用。因而在制定培养目标的时候，要将目标根据研究方向进行细化。可以在学生入学一段时间之后，根据自己的兴趣和爱好，确定接下来三年的研究计划，根据指定的个人培养计划，再进行更深入的学习与研究。在设置硕士培养目标时，要根据当前的就业情况审时度势，可将当前培养高校教学、科研以及管理人才的目标，转向为培养从事高校岗位的人才、中小学教师或者其他任何社会需要的综合型人才，使学生能力与岗位需求契合，提升学生的就业率。

2. 根据社会发展需求，优化课程体系

高质量的课程学习可以增强学生的就业竞争能力，例如户外运动是D大学体育学科的育人特色，其课程设置应突出户外运动这一优势。此外，对于学术型的硕士研究生，其课程内容设置应该体现理论性与前沿性，要建立以学科为中心，专业研究方向为导向的课程。对于应用型硕士研究生的课程设置，则应该体现理论性与实践性，在学习基础理论的同时，着力建设职业课程，将理论运用于实践，同时要提高研究生的综合素质，为毕业后就业打下基础。当然，实践课程的比例也要适当增加，可开设一些实践性较强的课程，设置出以职业需求为导向的模块化课程，让研究生可以进行选择，满足学生的个性化需求，同时，研究生职业生涯规划与就业指导课程的开设也很有必要，要注重课程的实践性与参与性。

3. 落实"双导师"制培养模式

培养社会所需求的高质量体育学研究生，不仅需要理论型导师，还必须具有体育实践经验的导师。必须建立和完善"双导师"联合培养制度，在培养过程中以校内导师为主导，校外导师为辅。在实践方面、论文撰写、体育项目研讨等方面都需要校外导师的参与，并且要吸纳在不同体育行业不同运动领域具备丰富经验的专家、学者和专业技能型人才共同参与到体育学研究生的培养过程中来。

4. 落实体育学研究生培养的实践环节

实践环节既可以提高研究生的理论运用于实践的能力，在体育学专业培养方案中，要把教学实践、科研实践落到实处，要充分将实践融合到研究生的培养过程中来，将实践训练制度化、规范化，要保证实践方案具有可行性。首先，丰富实践活动的内容，为学生的实践活动"保驾护航"；其次，鼓励研究生积极参与社会实践，要有激励措施，激励学生积极参加社会实践，为研究生做好后勤保障工作；最后，在实践训练结束后，训练效果如何，需要完善培养方案中对于实践活动进行考核的质量评价标准。总之，要高度重视体育学硕士研究生的实践环节，确保学生真正地参与到实践活动中，要突出实践环节对体育学人才培养的重要作用。

5.构建就业服务体系，加强就业指导

学校层面要建立一支高水平就业指导教师队伍，为硕士毕业生提供职前的培训、面试的技巧，以及全方位的、正确的就业观引导，使体育学专业的硕士研究生能够尽早掌握最近的就业形势和政策法律法规，做到知己知彼，百战不殆，能早日找到自己理想的工作，完成自己的职业理想。学院层面要在课程设置上下功夫，开设职业规划课程，在研究生三年级毕业季时举行一些就业技巧与职场礼仪讲座，旨在帮助学生做好求职前的准备。导师层面要指导研究生形成正确且合理的就业观，帮助学生认清自身，制定符合自己的就业目标。导师可以根据自己的就业经验为学生提供翔实的建议，为就业迷茫的研究生指明一条最适合自己的道路。

第十章　改革成效与总结

经调查国内 40 多名专家学者（含博士生导师 9 人），对 D 大学体育学科硕士点建设和发展提出指导建议，比较一致的观点认为应该发挥"登山户外运动"和"地球科学"的特色，利用户外运动与地球科学的密切联系，重点培养户外运动方向的硕士研究生，充分展现 D 大学培养体育专业硕士研究生的独特性，将在国内逐步树立差异化竞争优势。因此，课程体系设置要凸显"户外运动"和"地球科学"特色，将优质和优势教育资源纳入课程，着力培养特色鲜明的高水平户外运动专业人才。户外运动已经成为 D 大学硕士研究生招生的名片之一，被该校《2021 年研究生招生宣传片——D 大学最美"师"篇》报道。通过立足学科特色和优势，从优势学科中获得发展动能，走特色和特长发展之路，夯实体育学科硕士点可持续健康发展的基础，从而在许多普通高校体育学科硕士点被取消的背景下，D 大学体育学科硕士点于 2019 年从二级学位授权点（体育教育训练学）发展为一级学位授权点（体育学）。同时得益于充分发挥专业特色、学科特色和学校平台优势，目前能够吸引 985 或 211 高校和体育专业学院中有志从事户外运动行业的考生报考或调剂到该体育学科硕士点深造，生源结构和质量不断优化。随着招生和培养工作不断凸显"户外运动"与"户外运动＋地球科学"的学科特色，自 2016 年以来 D 大学体育学科硕士点特色化育人的成效逐步显现，至今已有 57% 的毕业研究生进入高校任教（其中户外运动方向毕业生占比超过 80%），2023 年有超过 10% 的毕业生升学攻读博士学位。综合而言，改革成效主要来源于以下几个方面。

1.重视育人环境，依托"户外运动＋地球科学"的密切联系，引领体育学科硕士研究生培养融入学校主流学科生态

为了比较客观的呈现 D 大学体育学科硕士点的发展潜力，本研究选择横向比较 H 省普通高校依托公共体育教育资源建设体育学科硕士点的经验，从中获得积极的参考借鉴。结果显示：

（1）D 大学体育学科硕士点在传统体育学科领域缺乏与专业体育院校竞争

的实力,必须突出特色,走"人无我有"的道路。H省普通高校公体部较好地落实了这一点,例如W大学体育学科硕士点的培养重点是高水平运动员、Z大学体育学科硕士点的发展方向是民族传统体育,而培养特色不明显的K大学和WG大学的体育学科硕士点已经被取消,W大学、WK大学和HG大学至今没有获批体育学科的硕士点。由此可见,D大学优势学科是体育学科硕士点可持续发展的基础,只有有效利用优势学科资源才能保证体育学科硕士点走上以"质"取胜的发展道路。如果体育学科硕士点离开优势学科的支持,自立门户地开展学科建设,将非常困难,因为剥离优势学科,相当于抽取了体育学科的精髓,毕竟体育学科硕士点创建时考虑了优势学科的特色,优势学科资源是普通高校体育学科硕士点不竭的发展动力源泉。

(2)特色化是体育学科硕士点建设的基石,H省普通高校公体部学科建设单位普遍能够结合本校优势学科,但是由于缺乏有效的合作机制,体育学科硕士点想利用优势学科资源,优势学科资源如何被利用的问题始终未能合理解决,所以当前体育学科硕士点要发挥自身优势与特长,例如D大学培养户外运动方向的人才。

2.利用平台优势,把好人才培养的源头关,大力吸引有志从事特色体育行业的考生

随着我国社会对高层次体育专业人才需求的增加,以及充分开发高校优质教育资源的育人功能,普通高校逐渐成为我国培养体育学硕士研究生的重要力量,目前我国约1/4的体育学硕士点依托普通高校办学。D大学已有近16年招收和培养体育学科硕士研究生的经验,但学科特色决定了D大学体育学科硕士点没有本科教育这个稳定的生源库,不能保证招生数量和质量,而普通高校体育学科硕士点的生源主要来自外部。因受招生政策、办学力量、社会声誉等因素的影响,招生困难较为明显,并直接影响D大学体育学科硕士点的办学质量。由于学生是硕士点生存和发展的基础,如果不能招收一定数量和质量的研究生,将影响普通高校体育学科硕士点的社会价值,也事关硕士点的前途和命运,所以需要改革招生机制,着力吸引优质生源。

与专业体育院校相比,普通高校体育学科硕士点在传统体育领域的师资力量、教育资源、培养环境等方面还存在差距,而生源主要来自体育学院,那里有他们熟悉的老师和校园环境,所以他们更倾向于报考母校或同类学校。同时在现

行体育学科硕士研究生招生体制中,综合素质较高的体育专业本科毕业生,通常被保送读研、报考体育学院,普通高校体育学科硕士点在研究生选材时处于生源下游,可供选择的优秀考生资源较少。因此,我们需要采取以下措施。

(1)加强学科建设,用声誉换生源。所谓"良禽择木而栖",除了获得硕士研究生学位和学历外,优秀考生更希望促进自己的全面发展。体育学硕士点学科建设质量关系研究生培养质量,只有建成较高水平的体育学科才能吸引优质考生,所以普通高校体育学科硕士点应沉稳心态,积极内修,加强师资、科研、教育资源(图书室、实验室、学术会议等)等方面的建设,筑巢引凤,为改善招生状况奠定基础。此外,优质的教育环境保证了研究生素质培养,又有利于毕业生就业,继而提高普通高校体育学科硕士点的社会声誉,实现"招生—就业—招生"的良性循环。

(2)突出学科特色,积极招募特色体育方向人才。虽然普通高校体育学科硕士点依托大学办学,但大学的社会声誉不等于体育学科硕士点的社会知名度。普通高校体育学科硕士点作为后起之秀,应该积极做好宣传工作,突出办学特色,扩大社会知名度,考生才会慕名而来。近年来,随着各类媒体大力宣传D大学承担完成"珠峰高程测量""攀登珠峰""完成7+2"等重大户外运动任务,同时许多毕业研究生进入高校工作,支持D大学体育学科硕士点的"户外运动"特色得到较好的传播,许多有志从事户外运动行业的人才慕名选择"中国户外运动黄埔军校"。

(3)利用学校平台优势,择优录取优质生源。普通高校体育学科硕士点虽然办学时间不长、办学实力不足,但有部属211、"双一流"等重点大学这一背景平台,在就业市场看重学历的大环境下,许多考生选择报考,同时近年来各个学位点加大遴选来自985/211高校调剂生源的力度,优质生源比率逐年升高。由于在招生工作上不断深化和落实上述理念,吸引越来越多的985、211、"双一流"、专业体育学院的考生报考或调剂到普通高校体育学科硕士点学习,生源质量不断提高。

3.理论引领,实践结果,逐渐体现普通高校依托校本特色培养体育专业硕士研究生的改革创新成效

目前,普通高校研究生教育主题注重强调"打造特色鲜明的高质量研究生教育",明确了研究生培养目标要"突出特色",而体育学科硕士点加强"户外运动"

第十章　改革成效与总结

等特色体育方向的研究生教育，契合了研究生培养特色化的指导思想。虽然D大学体育学科硕士点依托公共体育教育资源成长，面临师资力量不足、培养资源欠缺、生源受限等突出问题，而且近年来教育部不断强化硕士点建设评估，不少普通高校的体育学科硕士点被取消，但是D大学体育学科硕士点突出和强化"户外运动"特色，使其体育学科建设较成功。

实践经验表明，深刻感悟和理解当前普通高校体育学科硕士点面临的生存危机，并逐渐改革、创新和完善"课程体系""育人条件""师资队伍""培养模式"和"招生机制"，连续开展"体育教育训练学专业硕士研究生课程体系改革的研究""普通高校公共体育部学科建设可持续发展研究""提高体育专业学位硕士研究生生源质量的招生机制创新研究"等课题研究，着力"查摆问题、找准对策、明确路径"，形成"依托校本特色（户外运动）、改善育人环境（软硬兼修）、提高生源质量（增加优秀生源）"的发展思路。从而构建了体育特色明显的课程体系，打造了"落地育人"的培养条件，建成一支高水平特色体育方向的师资队伍，形成了符合特色体育专业人才成长特点的培养模式，制定了"特色体育引领，内保外调"的目标化招生机制。

通过一系列的改革创新举措，D大学体育学科硕士研究生培养已经形成户外运动特色，并积极利用"户外运动与地球科学融合发展"的学科生态支撑作用，在育人条件比较困难的情况下（主要依托公共体育教育力量），走出了一条特色化育人之路，取得了多项社会认可的建设成效，尤其是在2018年与中国登山协会合作共建"中国登山户外运动学院"、2019年获批体育学一级学科硕士点，同时毕业研究生就业率达到100%（其中57%在高校任职），研究生在国家级学科竞赛上获奖4次（含金奖1项）、发表核心期刊论文近20篇，获授权国家发明专利3项，10余人升学攻读博士学位，涌现出一批优秀的户外运动方向硕士研究生代表。

综合而言，随着我国体育学科的不断发展、社会对体育专业人才需求的变化，以及普通高校体育学科硕士点建设水平的持续提高，本研究追踪我国普通高校基于公共体育师资和教育资源培养体育专业硕士研究生的理论与实践问题，为进一步丰富、提高和优化新时期我国高水平新型体育专业人才培养模式，保证普通高校体育学科硕士点可持续发展，提供参考建议。

主要参考文献

包学雄,2006.国民经济学课程教学模式改革探析[J].广西民族大学学报(哲学社会科学版),(05):118-121.

蔡杰,2016.对体育专业研究生兼职现象的调查研究[D].长沙:湖南师范大学.

常志利,陈宁,2016.体育硕士专业学位研究生教学质量外部保障体系研究[J].体育科技文献通报,24(04):113-115.

陈蔚,田丹,2017.我国全日制体育硕士专业学位研究生课程设置研究:基于九所院校体育硕士研究生培养方案的文本分析[J].教育学术月刊,(04):104-111.

陈文标,许秀秀,邱丹缨,2013.混合式教学模式下"病原生物学与免疫学"多元课程考核评价体系的构建与实践[J].中国免疫学杂志:1-12.http://kns.cnki.net/kcms/detail/22.1126.R.20231013.1325.002.html.

陈至立,2007.以增强创新能力为核心,提高研究生教育质量[N].中国教育报,2007-01-16(5).

方千华,黄汉升,朱桂林,2014.我国全日制体育硕士专业学位研究生培养的困境与路径[J].上海体育学院学报,38(06):79-83.

冯岩,2012.我国体育院校体育教育专业学生基本体操教学能力培养的研究[D].北京:北京体育大学.

关朝阳,韩奇峰,2022.研究生"体育科研方法"教学改革探讨:基于河南师范大学体育学科硕士学位论文现状[J].河南教育学院学报(自然科学版),31(01):61-66.

韩会君,肖君,2015.以社会需求为导向的体育学硕士研究生培养模式改革研究:基于四所独立建制的体育高等学府的调查分析[J].广州体育学院学报,35(06):1-4+14.

韩梦姣,胡帅,2016.对我国体育类学术型硕士研究生科研能力的调查研究:以西南地区三所高校为例[J].唐山师范学院学报,38(05):133-136.

胡斌,2017.我国体育硕士专业学位研究生教育与培养若干问题的思考[J].北京体育大学学报,40(08):65-69.

黄汉升,2007.新中国体育学硕士研究生教育的回顾与展望[J].体育科学,(09):3-22.

黄鹏,杨凯,2012.新形势下加强地方高校招生工作的对策[J].学校党建与思想教育,(13):73-74.

黄林楠,曹梦,2014.专业学位硕士研究生就业指导模式的构建[J].国家教育行政学院学报,(08):61-65.

黄柳倩,许莉,2010.体育统计教学模式改革的探讨[J].体育科技,31(01):140-142.

乐浩然,2016.北京体育大学与香港中文大学体育硕士研究生培养模式比较研究[D].北京:北京体育大学.

李广松,石维杰,2006.加大招生宣传力度努力提高农林院校生源质量[C]//和谐高考　阳光招生:《高校招生》杂志理论研究专辑.山东农业大学招生办公室、山东农业大学招生办公室:5.

李海军,2003.普通高校足球课教学模式改革的实验研究[J].连云港师范高等专科学校学报,(02):84-86.

李鸿江,尹军,郝晓岑,等,2010.中、美、日、英、俄、德六国体育学科研究生培养体制与教育模式的比较研究[J].北京体育大学学报,33(05):69-72.

李静,2012.人力资本视角下我国体育学研究生培养模式探讨[J].北京体育大学学报,35(09):92-95+108.

李丽,2010.论我国体育高校人力资本培育操作策略[J].中国商界(上半月),(12):213-24.

李绍成,聂东风,2005.非体育院校普通高校体育学科建设现状与对策研究[J].中国体育科技,(06):77-79.

李先雄,周建社,陶成武,2011.体育硕士专业学位研究生职业技术技能内涵与内容探讨[J].武汉体育学院学报,45(09):89-92.

李振庆,2016.提高研究生培养质量的几点建议[J].教育教学论坛,(01):198-199.

刘启,2014.湖南高校体育学硕士研究生学习倦怠调查分析[D].吉首:吉首大学.

吕耀怀,刘志峰,2015."应用伦理学研究"课程改革探讨[J].大学教育科学,(03):52-57.

马成文,2010."计量经济学"课程教学模式改革探讨[J].产业与科技论坛,9(09):171-172.

马敬卫,赵红宾,武群,2014.基于生源多元化的工作思路与实践探析[J].国网技术学院学报,17(06):77-79.

马永红,于苗苗,袁文婧,等,2018.基于多塔结构的专业硕士高质量就业研究[J].国家教育行政 学院学报,(08):33-40.

马玉平,卫茂荣,韩连玉,2006.非热门专业研究生招生宣传方法的创新[J].学位与研究生教育,(08):56-59.

牟艳娟,欧阳胜权,2011.增强研究生就业教育实效性的策略研究[J].社会科学家,(12):136-138.

聂东风,孟保安,杜旭,2011.西部高等学校体育学科建设的发展研究[J].西北工业大学学报(社会科学版),31(01):74-76.

潘娟华,郑庆岚,林伟连,2005.研究生教育生源质量提升的四个关键环节:基于浙江大学的个案研究[J].高等农业教育,(10):71-73.

彭庆文,彭雪涵,陈希,2008.普通高校体育师资队伍结构现状探析:基于京、闽、湘三省市68所普通本科院校的调查[J].中国体育科技,(06):26-30.

邵凯,董传升,2018.创新与优化:体育学研究生创新能力培养机制研究[J].北京体育大学学报,41(09):15-21.

孙冰洁,2007.影响我国体育学硕士研究生培养质量因素的研究[J].体育成人教育学刊,(03):76-78.

孙麒麟,2008.综合性大学对我国体育学科建设的发展与贡献[R].济南:山东大学.

唐雪,李言,张烽,等,2023.食品类专业研究生"油脂营养与健康"课程教学模式改革探索[J].中国油脂,48(09):155-156.

田雨普,2008.提高体育学博士研究生培养质量的探索[J].体育学刊,(06):49-52.

汪琼,2007.高职院校与普通高校大学生的成就动机与心理健康的关系研究[D].武汉:华中师范大学.

王斌,周绍忠,马红宇,2001.我国体育学科硕士研究生培养课程体系改革研究[J].天津体育学院学报,(01):59-61+65.

王宏坤,于滢,李云广,等,2014.黑龙江省体育教育训练学硕士研究生"运动生理学"学位课程开展现状的调查研究[J].哈尔滨体育学院学报,32(04):57-61.

王家宏,周英,陶玉流,2006.我国体育教育训练学专业硕士研究生课程的设置[J].体育学刊,(06):67-70.

王粟,王鼎,2023.2022年版课标背景下体育硕士运动训练理论与方法课程优化研究[J].体育科技文献通报,31(08):162-164.

王伟,2023.Play Practice 教学模式对职前体育教师学科内容知识影响的实验研究:以羽毛球课程为例[J].武汉体育学院学报,57(06):92-100.

王兴怀,2009.我国体育硕士专业学位教育有关问题研究[J].中国教师,(S1):246-247.

王艳艳,2015.探析提高专业学位研究生就业竞争力的有效途径[J].长春大学学报,25(10):104-106.

巫剑,2016.西部高校研究生招生中选拔优秀生源的几点建议[J].教育教学论坛,(40):215-216.

徐建华,方千华,2015.美国大学应用型体育硕士人才培养模式及对我国的启示[J].南京体育学院学报(社会科学版),29(06):86-92.

徐昱玫,刘文珂,2011.上海市非体育院校"211"高校体育学科建设现状与发展研究[J].内蒙古师范大学学报(教育科学版),24(05):77-79.

杨茜,刘金喜,李前进,2011.做好研究生复试工作 提高研究生生源质量[J].教育教学论坛,(05):19-20.

杨曦,2009.影响教育学硕士研究生就业的市场因素分析[J].滁州学院学报,11(02):66-68.

杨勇,孙淑萍,2016.基于人力资本理论的高职大学生就业能力提升策略[J].中国职业技术教育,32:5-9.

叶东惠,2009.我国普通高校公共体育学科建设现状的调查与分析:以研究生培养为例[J].浙江体育科学,31(06):73-76.

叶松东,杜高山,2017.新常态下我国体育硕士专业学位教育研究[J].体育文化导刊,(09):137-141+186.

游茂林,陈凤英,冯岩,等,2010.我国普通高校公共体育部硕士点办学的困境与对策[J].体育学刊,17(03):62-64.

于菲,邱文琪,岳昌君,2019.我国研究生就业状况实证研究[J].学位与研究生教育,(06):32-38.

于苗苗,包艳华,马永红,等,2018.学术融合与社交融合对学术型硕士高质量就业的影响研究[J].研究生教育研究,(04):14-22.

喻泽坤,路国华,2021.全日制体育硕士专业学位研究生课程体系现状研究:基于8所院校的调查研究[J].职业技术,20(07):83-87.

袁焰,2005.普通高校健美操课教学模式改革的实验研究[J].哈尔滨体育学院学报,(04):56-57.

曾芳,曹敏,唐焱,2008.研究生多导师培养模式的构建[J].武汉理工大学学报(社会科学版),(02):264-267.

张鸿,2007.谈城乡教育均衡和谐发展问题[J].商业时代,18:6-7.

张建新,孙麒麟,毛丽娟,2009.美德澳高校竞技体育人才培养及其启示[J].体育文化导刊,(08):95-98+105.

赵君,2012.首批全日制体育硕士专业学位研究生培养状况研究[D].郑州:郑州大学.

郑方,2013.湖北省高校体育学学术硕士研究生学习投入影响因素分析[D].武汉:华中师范大学.

周险峰,2015.教育硕士专业学位研究生培养的进展、问题及对策:基于二十四所培养高校的调查分析[J].学位与研究生教育,(02):36-40.

左成,2007.台湾体育专业硕士学位研究生培养现状及特点[J].体育学刊,(06):64-67.